Recreados por la gracia

Antropología Teológica II

EDICIONES PALABRA
Madrid

© Isabel Saiz Ros, 2024
© Ediciones Palabra, S.A., 2024
   Paseo de la Castellana 210 - 28046 MADRID (España)
   Telf. (34) 91 350 77 20 - (34) 91 350 77 39
   www.palabra.es
   palabra@palabra.es

Diseño de la colección: Raúl Ostos - Miguel J. Tejero
ISBN: 978-84-1368-404-8
Depósito Legal: M-25.278-2024
Impresión: Gohegraf, S.L.
Printed in Spain - Impreso en España
Con licencia eclesiástica

Isabel Saiz Ros

Recreados por la gracia

Antropología Teológica II

BUSCANDO
ENTENDER

Contenido

Contenido

Capítulo 3
LA DENSIDAD DEL AMOR

Capítulo 4
A PESAR DE LOS PESARES

Capítulo 5
PREDILECTOS DE DIOS

Capítulo 6
UNA NUEVA VIDA

Contenido

Introducción

En el primer manual (*Creados a su imagen*) tratamos del don de la Creación y nos quedamos a las puertas de aquel mortífero mordisco del fruto del árbol del conocimiento del bien y del mal (*Gn* 3, 6), con el que el pecado y toda su cohorte hicieron su entrada en la historia. Pero están de paso, y aunque parezca que ejercen plenos poderes en el mundo, su reinado ha sido ya derrotado, pues hemos sido «justificados gratuitamente por su gracia, mediante la redención que está en Cristo Jesús» (*Rm* 4, 24).

«Pues si por la caída de uno solo, la muerte reinó por medio de uno solo, mucho más los que reciben la abundancia de la gracia y del don de la justicia reinarán en la vida por medio de uno solo, Jesucristo» (*Rm* 5, 17). El pecado original solo se entiende plenamente desde el proyecto de gracia, y la maravilla de la gracia se realza en contraste con el pecado. Son los dos extremos de la vida humana que continuamente se tocan: la realidad del pecado en mi vida existe, pero no en mayor medida que la realidad de la gracia, porque «el don no es como la caída» (*Rm* 5, 15). Así, si el pecado abunda, la gracia sobreabunda (cfr. *Rm* 5, 20); si el pecado esclaviza, la gracia libera; si el pecado esclerotiza, la gracia plenifica; si el pecado angustia, frustra y entristece, la gracia serena, satisface y regocija, pues «no hay nada mejor en el mundo que estar en gracia de Dios» (*Camino*, 286). Por eso, solo el capítulo 1 lo dedicaremos al pecado, frente a los 5 siguientes en los que se desarrolla el misterio de la gracia.

Antes de abordar estos dos grandes temas, te propongo cierta *metanoia*, conversión de tu mente. El enfoque adecuado con el que aproximarse a ellos es desde la actitud del que sabe que todo le ha sido dado. Que todo es gracia. Dice san Agustín –el doctor de la gracia–: «busca dónde está tu mérito, busca de dónde procede, busca cuál es tu justicia: y verás que no puedes encontrar otra cosa que no sea pura gracia de Dios» (San Agustín, *Sermón 185*). No puedes encontrar otra cosa que no sea pura gracia de Dios. San Pablo, el coloso de la doctrina de la gracia, es igual de radical: «¿Qué tienes que no hayas recibido? Y si lo recibiste, ¿por qué te glorías, como si no lo hubieras recibido?» (*1 Co* 4, 7). El descubrimiento de la maravilla de la gracia tiene, entre otros efectos, el de ponerle a uno *en su sitio*. Todo lo que soy y tengo es solo gracia. Nada merecido, nada debido, nada adeudado. Y, al mismo tiempo, solo a partir de mi «sí», Dios puede hacer realidad sus maravillosos proyectos de gracia en mí.

Capítulo 1
Melodías disonantes

1. La primera nota discordante
La caída angélica

En *El Silmarillion* de Tolkien encontramos un relato sobre la creación del universo tolkiniano por parte de *Ilúvatar* o *Eru* (Dios) que nos va a servir de introducción al presente tema: la dramática pero real cuestión sobre el pecado. Los *Ainur*, que podrían representar a los ángeles, componen maravillosas melodías a partir de los temas que *Ilúvatar* propone. En esa armónica sinfonía, uno de los *Ainur*, llamado *Melkor*, al que *«le habían sido dados los más grandes dones de poder y conocimiento»*, empezó a componer de modo discordante, *«y muchos de los que estaban cerca se desalentaron, se les confundió el pensamiento, y la música vaciló; pero algunos empezaron a concertar su música con la de Melkor más que con el pensamiento que habían tenido en un principio. Entonces la discordancia de Melkor se extendió todavía más, y las melodías escuchadas antes naufragaron en un mar de sonido turbulento. Pero la discordancia de Melkor se elevó rugiendo y luchó con él, y una vez más hubo una guerra de sonidos más violenta que antes, hasta que muchos de los Ainur se desanimaron y no cantaron más, y Melkor predominó».*

Melkor, quien podría representar el ángel caído, es un Ainur, un ángel bueno. Dios crea a todos los ángeles buenos, pero uno de sus ángeles más dotados, en el principio de los principios, decide apartarse de la melodía propuesta por Dios y seguir su propia «*imaginación, que no concordaba con el tema de Ilúvatar*», con el tema de Dios. Con él, otros ángeles comienzan a tocar su propia melodía, una «*melodía estridente, vana e infinitamente repetida, y poco armónica*». Satanás, el diablo, es seguido por otros ángeles que, al desviar su voluntad de la de Dios, se deciden definitivamente por el mal, las tinieblas y la oscuridad. La Biblia llama Satanás y diablo a ese ángel que en el principio se rebeló contra Dios, y al que siguieron otros. «La diferencia en las tendencias de los ángeles buenos y los malos no se funda en la diversidad de la naturaleza y de los principios, puesto que tanto los unos como los otros fueron creados por Dios, el buen hacedor y creador de todos los seres. La diferencia se deriva más bien de la diversa orientación de la voluntad y de la codicia, (…) se han apartado del bien supremo y se han vuelto hacia sí mismos» (San Agustín, *La Ciudad de Dios*, libro 12, cap. 1). Como dejamos claro en la parte primera, todo lo creado por Dios es bueno. Si el mal existe, es como fruto de la libertad, del libre albedrío. *Melkor* se apartó libremente de la voluntad de Dios. Satanás pecó. El pecado de los ángeles (cfr. *2 P* 2, 4) consiste en la elección libre de estos espíritus creados que rechazaron radical e irrevocablemente a Dios y su Reino (cfr. *Catecismo de la Iglesia Católica*, n. 392, en adelante *CCE*). El Magisterio recoge esta idea en el IV Concilio de Letrán (1215), donde afirma que «el diablo y los otros demonios fueron creados por Dios con una naturaleza buena, pero ellos se hicieron a sí mismos malos».

¿Pero cómo y por qué? ¿Qué llevó a la rebelión angélica? ¿Qué hizo que Luzbel (luz bella) –otro de los ángeles caídos– se convirtiera en Lucifer? Los ángeles fueron sometidos a una prueba, la prueba de la obediencia: seguir la melodía propuesta por Dios. Tolkien dice que *Melkor* deseaba «*acrecentar el poder y la gloria de la parte que le había sido asignada*» y, efectivamente, coincide con santo Tomás al concluir que el pecado de los ángeles caídos fue un pecado de soberbia consistente en «no someterse a la regla del superior en lo debido» (*ST* I, q. 63, a. 2. *Suma Teológica*, en adelante *ST*): por no aceptar la melodía divina, por desear tocar la suya propia alejándose de la establecida, sabia y amorosamente, por Dios. Un pecado de desobediencia, un pecado de soberbia. *Melkor* se apartó voluntariamente de la melodía propuesta por Dios. «Así es como pecaron los ángeles, los cuales, por el libre albedrío, se inclinaron al propio bien sin someterse a la regla de la voluntad divina» (Santo Tomás, *ST I*, q. 63, a. 1).

El ángel, al igual que el hombre, es criatura. Es evidente que en el *pack* de Creador está la capacidad exclusiva y excluyente de ser Aquel que establece las "reglas del juego". Solo Él, como el único verdaderamente Creador, es quien ordena, establece, funda, fija, constituye, instaura, erige y decreta todo lo que es y será. El orden de lo creado no es arbitrario, irracional y caprichoso, porque no procede de un Dios altanero y despótico. Todo lo creado, todo lo fijado y establecido, ha sido pensado por quien es la Sabiduría misma, ha sido amado por quien es el Amor y ha sido llamado a la vida por quien es la única fuente de Vida. La condición de criatura conlleva la actitud de sometimiento –palabra políticamente incorrecta pero teológicamente profunda, porque me habla del orden debido en las relaciones y de la jerarquía de lo creado–, de aceptación y obediencia a ese orden que le precede y supera y que es, por demás, infinitamente más perfecto y maravilloso de aquel otro orden –o más bien desorden– que cualquier criatura, incluso el más perfecto de los ángeles, pudiera llegar a pensar. Ya se ve que la sinfonía de *Melkor* era «*estridente, vana, infinitamente repetitiva y poco armónica*». Y eso que era uno de los ángeles más dotados... Como bien dice santo Tomás en esa misma cuestión, «tanto el ángel como cualquier otra criatura racional puede pecar. (...) El porqué de esto radica en que pecar (...) consiste en que el acto se desvía de la rectitud que debe tener. El único acto que no puede desviarse de la debida rectitud es aquel cuya regla es la virtud de quien obra. Así, si la mano del artesano fuese la regla de cortar la madera, siempre la cortaría como se debe. Pero si la rectitud del corte está sujeta a otra regla, a veces cortará derecho, y otras, torcido. Solo la voluntad de Dios es la regla de sus propias acciones, porque no está ordenado a otro fin superior. En cambio, toda voluntad de cualquier criatura no obra rectamente a no ser que esté regulada por la voluntad divina a la que pertenece el último fin. De aquí que toda voluntad del inferior deba ser regulada por la del superior, como la del soldado por la del jefe del ejército. Por lo tanto, solo la voluntad divina está exenta de pecado; y, en cambio, en toda voluntad de la criatura puede haber pecado por su condición natural» (Santo Tomás, *ST* I, q. 63, a. 1). No está al alcance de la criatura el establecer ese orden. Ni siquiera el modificarlo. Sí podrá negarlo, rechazarlo, rebelarse ante él. Eso es el pecado: la negación y el rechazo de la verdad de las cosas y el tratar de cambiarlas y adaptarlas a mis deseos. Puedo intentar cambiarlas a mi capricho, pero entonces no puedo esperar "establecer otro orden", sencillamente las desordenaré y como consecuencia del desorden las dañaré. Tengo la posibilidad de pecar: tengo la posibilidad de intentar no seguir las reglas del juego. Pero si el juego se rompe, entonces la culpa es mía. Las reglas estaban previamente establecidas.

El hombre puede establecer las reglas de sus creaciones. El orden social y político, por ejemplo, es creación humana, y él establece sus normas. En los regímenes democráticos, los órganos de poder son constituidos a través de distintos mecanismos y estos, a su vez, a partir de unas elecciones. Yo me "invento" el sistema democrático, yo me "invento" las normas que lo rigen. De acuerdo. El orden de la Creación –de la Naturaleza– es "invención" divina: ¿creo poder cambiar las normas? Tengo dos opciones: o seguirlas y disfrutar del juego, o tratar de cambiarlas y vivir en una pugna y frustración continuas.

Y eso es exactamente lo que pasó. Satanás se negó a ser simple criatura, quiso ser dios y establecer su propio orden. Negó su dependencia y, al proclamar su autonomía, se destruyó a sí mismo. «Satanás, deslumbrado por su propia gloria, vio que dependía de Dios y negó esa dependencia, que se opuso a ser mera criatura. Se resistió a reconocer la supremacía de Cristo, a reconocer que Cristo, el Hijo de Dios encarnado, es el corazón y la cabeza de la Creación» (M. Schmaus, *Teología Dogmática II*, pág. 268).

El libro de la Sabiduría dice: «mas por la envidia del diablo entró la muerte en el mundo, y la experimentan los que son de su bando» (*Sb* 2, 24). Algunos teólogos, entre los que destaca Duns Escoto, han llegado a afirmar que fue al contemplar el plan de Dios de la Encarnación del Verbo, ante lo que se rebelaron algunos ángeles al principio de los tiempos. Al ver que ellos, seres espirituales, debían someterse a un Hombre, al Dios y Hombre. O quizá fue la envidia, al ver que Dios "prefería" al hombre, pues Dios se encarna pero no se "angeliza", se hace carne, no ángel. Soberbia o envidia. En cualquier caso, la causa última es la misma: un rechazo al plan de Dios y a Dios mismo.

2. Segunda disonancia
El pecado de origen y el origen del pecado

El capítulo 3 del Génesis es más que conocido, pero no está de más transcribirlo, para no perder ningún detalle:

Gn 3, 1-6: «La serpiente era el más astuto de todos los animales del campo que había hecho el Señor Dios, y dijo a la mujer: —¿De modo que os ha mandado Dios que no comáis de ningún árbol del jardín? La mujer respondió a la serpiente: —Podemos comer del fruto de los árboles del jardín; pero Dios nos ha mandado: "No comáis ni toquéis el fruto del árbol que está en medio del jardín, pues moriríais". La serpiente dijo a la mujer: —No moriréis en modo alguno; es que Dios sabe que el día que comáis de él se os abrirán los ojos y seréis como Dios, conocedores del bien y del mal. La mujer se fió en que el árbol era bueno para comer, atractivo a la vista y que aquel árbol era apetecible para alcanzar sabiduría; tomó de su fruto, comió, y a su vez dio a su marido, que también comió».

Una vez más, la Sagrada Escritura nos transmite verdades tan profundas, que solo pueden ser contadas a través de imágenes, poesía, literatura. Si se objetivaran mediante el lenguaje filosófico o jurídico, se verían constreñidas a esas palabras que, en su afán de definir, limitan, reducen, empobrecen. Cuando algo es un misterio, más que buscar definirlo, habría que tratar de descubrir sus distintos aspectos, dejando siempre margen a una descripción más fina y acertada, a una mejor interpretación de aquella imagen que lo representa. La imagen remite al misterio, pero no lo contiene; la imagen respeta el misterio y a la vez lo engrandece. La cuestión es esclarecer qué soy capaz de ver del misterio a través de la imagen. No se trata de creer en la manzana (que, por otro lado, no aparece por ningún lado en el relato), sino de explicar el origen del mal, su causa última y sus consecuencias.

El relato del Génesis nos cuenta que nuestros primeros padres fueron creados en gracia y libremente la rechazaron. Este es el meollo del asunto. Pero el cómo y por qué pudo ocurrir semejante acontecimiento en el exordio de la Historia, esto es, de qué hablamos cuando hablamos del pecado original, no deja de ser un misterio, el *mysterium iniquitatis* (cfr. *2 Ts* 2, 7) que la Sagrada Escritura trata de esclarecer.

En el ámbito del Magisterio, ya el Concilio de Cartago (418) declaró que Adán murió en su cuerpo como consecuencia del pecado original, y en el de Orange (526) se afirman las consecuencias que el pecado de Adán tuvo en su alma y en su cuerpo. El siguiente hito importante en la declaración del dogma del pecado original es el Concilio de Trento (1545-1565), con su *Decreto sobre el pecado original;* y en la historia más reciente de la Iglesia, el Concilio Vaticano II, en el número 13 de la Constitución Pastoral *Gaudium et Spes*, hace un maravilloso resumen sobre este misterio. Estudiaremos más detenidamente el origen y contenido de estos documentos, pero por ahora, que quede claro que, desde el principio, la Iglesia ha declarado su fe en el pecado original. Ahora bien, que el hecho sucediera "exactamente así", literalmente, como relata el texto genesíaco, no se ha declarado magisterialmente en ningún momento ni en ningún documento.

Situemos el tema. La existencia del mal en el mundo no necesita demostración alguna. Es un hecho. Al menos a día de hoy. Quizá mañana sí haga falta. Sería tan sencillo como continuar en la línea de pensamiento relativista que lleva siguiendo Occidente en las últimas décadas, que parece infectarlo todo y cuya consecuencia más inmediata es la negación de lo evidente. Pero este virus parece que todavía no ha afectado a la existencia del mal. Todavía está permitdo denunciar la explotación infantil, dolerse por el hambre en el mundo, compadecerse de las víctimas causadas por el último terremoto acaecido, sufrir por la enfermedad propia o ajena o llorar la muerte de un ser querido.

Si, como venimos diciendo, por ahora el relativismo no ha afectado a la común percepción de que *existe* mal, es porque, nos guste o no –más bien, aunque no nos guste–, hemos sufrido, sufrimos y vamos a sufrir. Esto nos sitúa a todos los hombres en una igualdad existencial como *seres sufrientes*. Toda persona que venga a este mundo va a sufrir, va a padecer en sí mismo las consecuencias de mal. Del mismo modo, toda persona se va a morir. Con independencia de lo que uno considere como bueno o malo, al margen de las apreciaciones culturales, personales o ideológicas sobre qué *está* bien y qué *está* mal, sobre *qué es* bueno y *qué es* malo (pues en esto el relativismo sí ha provocado y provoca estragos), a toda persona, de un modo u otro, antes o después y lo acepte o se rebele, el sufrimiento, en alguna de sus formas, llama a sus puertas. Por tanto, y partiendo de la más básica experiencia humana, no se discute que *hay* bien y *hay* mal, que en el mundo *existe* bien y mal, pues en mis propias carnes experimento, bastante más de lo que me gustaría, sus desagradables efectos, el principal de los cuales es, en lo que a mí atañe, el sufrimiento. ¡Por fin hemos encontrado algo en lo que todos los hombres podemos ponernos de acuerdo! El sufrimiento existe. Sufro, *ergo* hay mal.

Ahora bien, el sufrimiento es la experiencia del mal o, de otro modo, la causa del sufrimiento es el mal. Pero ¿cuál es la causa del mal? La Creación, como un desbordarse del Dios Amor hacia afuera, es buena en sí misma, pues en su origen se halla el Bien Supremo. La obra de la Creación no puede ser mala, pues su causa es el Bien, el Amor. No puedo dar aquello que no tengo: podré donar dinero si tengo dinero, podré regalar huevos, si tengo huevos. Si Dios es Amor, no puede ser origen del mal. Aunque el mayor escándalo para el hombre es el sufrimiento del inocente y tendemos a culpar a Dios de ello, pues nuestra razón se rebela a aceptar la mayor de las injusticias. Si nos preguntaran cuál es el origen del mal, me atrevo a aventurar que muy poca gente señalaría a Dios como el causante. No comprendemos por qué Dios lo permite y nos preguntamos dónde está Dios ahí, pero no somos capaces de «echarle toda la culpa». Quizá sí de permitirlo, pero no de causarlo. Nos damos cuenta de que las causas son otras: algunos piensan que hay dos principios en el mundo, uno bueno y otro malo (cayendo en el dualismo); otros piensan que la naturaleza en sí misma es defectuosa; otros culpan directamente al hombre, y muchos no sabrían señalar culpables.

Si en el origen del mundo está la bondad de Dios, el mal ha de tener otro origen, pues de bondad y amor no puede venir mal y dolor. ¿A dónde se remonta la causa del mal, cuál es su «principio», su origen, de dónde viene todo este poder devastador de sufrimiento y maldad? Es aquí donde el maravilloso relato del Génesis viene a responder la cuestión en toda su profundidad, respetando al mismo tiempo todo su misterio.

Nos fijaremos en cuatro elementos del relato: la serpiente, el árbol de conocimiento del bien y del mal, el engaño (la tentación) y la elección del hombre.

Ratzinger, en su libro *Creación y pecado*, explica que «la imagen de la **serpiente** está tomada de los cultos orientales de la fecundidad (...) que a través de los siglos constituyeron la tentación de Israel de abandonar la Alianza» y seguir otras religiones, las religiones que prometen la fecundidad frente a la Alianza, que parece que establece límites al hombre.

El árbol que está en medio del jardín es el árbol previamente llamado «del conocimiento del bien y del mal» (cfr. *Gn* 2, 16-17: «y el Señor Dios impuso al hombre este mandamiento: — "De todos los árboles del jardín podrás comer; pero del árbol del conocimiento del bien y del mal no comerás, porque el día que comas de él, morirás"»). Efectivamente, Dios había marcado al hombre, desde el principio, un límite infranqueable, que la Biblia nos presenta como «el árbol del conocimiento del bien y del mal», de cuyo fruto el hombre tenía prohibido comer si quería mantenerse con vida. Es el límite inherente a su condición de criatura. El árbol representa la frontera que indica el lugar donde el hombre se mantiene con vida, dentro de sus límites hay vida, fuera de ellos, muerte. ¿Capricho divino? Sabiduría divina. El mandamiento de no comer del árbol del conocimiento del bien y del mal no es sino un modo de simbolizar que el hombre no es Dios, sino criatura. El hombre no ha creado la realidad, esta le viene dada. Las cosas son previamente a él y su misión no es cambiarlas, sino mejorarlas («llenad la tierra y sometedla», *Gn* 1, 28). Dios crea, da, dona, el hombre recibe, acoge, acepta. El árbol es el símbolo de la actitud que las criaturas libres y racionales –los ángeles y el hombre– deben tener ante la maravilla de la creación donada a ellos: aceptación y acogida, respuesta en clave de sí, de amor. La posibilidad de comer o no del árbol manifiesta que la libertad del hombre es tan real que, efectivamente, la posibilidad del «no» está siempre ahí. Libremente no tomo la fruta: libremente acepto, libremente respeto las cosas como me son dadas, libremente respondo sí. Al alcance de la mano está lo contrario: libremente como del fruto, libremente rechazo, niego, me rebelo, digo no. «Criatura espiritual, el hombre no puede vivir esta amistad más que en la forma de libre sumisión a Dios. Esto es lo que expresa la prohibición hecha al hombre de comer del árbol del conocimiento del bien y del mal, "porque el día que comieres de él, morirás" (*Gn* 2, 17). "El árbol del conocimiento del bien y del mal" evoca simbólicamente el límite infranqueable que el hombre en cuanto criatura debe reconocer libremente y respetar con confianza. El hombre depende del Creador, está sometido a las leyes de la Creación y a las normas morales que regulan el uso de la libertad» (*CCE* 396). Eso sí, previo engaño del demonio.

Tercer elemento: la **tentación.** Como explica Ratzinger, la serpiente no niega a Dios, sino que pone en duda su bondad, siembra la desconfianza hacia Dios y su amor. La serpiente es, por tanto, símbolo de la tentación de romper la Alianza con Dios, pues esa Alianza se me presenta ahora como sospechosa. ¿Cómo es posible que Adán y Eva dieran más crédito a la serpiente que al mismo Creador? Quizá sea porque les pone delante el anhelo más profundo de su corazón, aquello para lo que han sido creados. Si coméis, «seréis como dioses»: claro, a eso estamos llamados, a ser plenamente divinizados por Dios en la gloria... el Diablo sabía cómo engañar al hombre. Si le hubiera dicho: si comes de ese árbol, te convertirás en un león, evidentemente, el hombre no hubiera comido. ¿Quién quiere ser un león, pudiendo ser Dios? En el corazón del hombre anida el profundo anhelo de ser aquello hacia lo que tiende, para lo que ha sido creado pero que todavía no es. Esta es la gran tentación del hombre de todos los tiempos: llegar a ser aquello para lo que he sido creado, pero no por medio de mi Creador, sino por mis propios medios, estableciendo yo el orden y los medios. «Sospechando de la Alianza, el hombre se pone en el camino de construirse un mundo para sí mismo. Dicho de otro modo: encierra la propuesta de que él no debe aceptar las limitaciones de su ser; de que no debe ni puede considerar como limitaciones las del bien y el mal, las de la moral, en realidad, sino liberarse sencillamente de ellas, suprimiéndola» (Ratzinger, ídem).

Es importante entender que nuestros primeros padres vivían en estado de gracia pero no de visión, sino de fe. Vivían en unión íntima con Dios pero todavía tenían que alcanzar, mediante el ejercicio de su libertad, esa unión plena a la que estaban llamados. Cabía la lucha por crecer en su contemplación y amor a Dios. Cabía la lucha y, por consiguiente, cabía la vacilación y la duda...

La serpiente sembró la sospecha: el demonio ciertamente tentó al hombre al hacerle dudar de la bondad y el plan de Dios. Pero el pecado fue cometido por él, libérrimamente. La causa del pecado original se halla en el corazón del hombre, en la **libertad** de rechazar la invitación de Dios a corresponder a su amor por el deseo de ser él mismo su propio dios. La causa del pecado está en el «libre albedrío». Como dice san Agustín en sus *Confesiones:* «dotó (Dios) a la criatura racional de un libre albedrío con tales características que, si quería, podía abandonar a su Dios, es decir, su felicidad, cayendo entonces en la desgracia» (Libro XXII, Cap. I, 2). ¿No podía haber evitado Dios que el hombre fuera tentado? Responde el Aquinate: «La divina Providencia dispone todo suavemente, como se dice en *Sb* 8, 1. Es decir, su providencia da a todos lo que les es necesario conforme a su naturaleza, puesto que (...) no es providencia corromper la naturaleza, sino salvarla. Ahora bien: es algo inherente a la condición de la naturaleza humana el poder ser ayudada u obstaculizada por las otras criaturas. De ahí que fuera conveniente que Dios permitiera que el hombre en estado de inocencia fuera tentado por los ángeles malos y ayudado por los buenos. Pero un favor especial de la gracia le había concedido el que ninguna criatura ajena a él pudiera hacerle daño contra su voluntad, mediante la cual también podía resistir la tentación del demonio» (*ST* II, II, q. 165, a. 1). Si el hombre pecó, no fue a causa de la tentación, sino a causa de su decisión libre. Tan libremente podría haber resistido a la tentación como libremente pecó.

En resumen, el relato del Génesis contiene la clave para entender el pecado: la decisión libre del hombre de llegar a ser dios al margen de Dios. Lo dice muy bien el número 13 de la *Gaudium et Spes* (en adelante *GS*): «Creado por Dios en la justicia, el hombre, sin embargo, por instigación del demonio, en el propio exordio de la historia, abusó de su libertad, levantándose contra Dios y pretendiendo alcanzar su propio fin al margen de Dios»; y el número 398 del Catecismo: «El hombre, constituido en estado de santidad, estaba destinado a ser plenamente "divinizado" por Dios en la gloria. Por la seducción del diablo quiso "ser como Dios" (cfr. *Gn* 3, 5), pero "sin Dios, antes que Dios y no según Dios" (S. Máximo Confesor, *ambig*.). "Porque Dios creó al hombre para la incorruptibilidad y lo hizo a imagen de su propia eternidad. Mas por la envidia del diablo entró la muerte en el mundo, y la experimentan los que son de su bando" (*Sb* 2, 23-24)».

La Alianza que Dios establece con el hombre incluye esa promesa de llevarle a su plenitud, a la comunión plena con Dios. Pero solo Dios puede hacerlo, el hombre recibe, acoge su ser creado, su condición de criatura, y responde «sí» a ese amor de Dios, que, manifestado en el don de su existencia, culminará en la comunión plena con Él. El misterio del pecado original encierra el misterio de la libertad.

En la sinfonía de la Creación hay dos momentos en los que parece que la melodía maravillosa que dirige el Creador, por voluntad de aquellas notas a las que se les ha concedido el don de la libertad dentro de la melodía, se desentona para siempre. Los ángeles caídos provocaron un primer estruendo al que siguió el grito del primer pecado del hombre.

3. Seguimos desentonados
Las consecuencias del pecado original

Quizá todo lo anterior no te haya ayudado a comprender –ni tan siquiera tímidamente– el misterio. No desesperes: no lo comprenderás nunca; tampoco aunque tengas el valor de seguir leyendo. Un consejo. Para estas situaciones, una posible solución es «apropiarse» de la inteligencia de los grandes, de aquellos que nos han precedido e iluminado con su gran talento intelectual. A mí no acaba de cuadrarme pero, si este gran personaje del pensamiento cristiano lo ve, no tengo más que tomar su convicción y hacerla propia. Podemos hacer nuestro el convencimiento de Chesterton y de Newman, a quienes su agudeza intelectual les hacía *evidente* el misterio del pecado original.

Para Chesterton, el pecado original es «un hecho tan fáctico y real como las patatas. Se podrá discutir si un agua bendecida [como en el bautismo] es capaz de limpiar a un hombre. Lo que no se puede discutir es que el hombre necesita ser limpiado». Puesto que la «existencia de la mancha es indiscutible» la doctrina del pecado original «es la única parte de la doctrina cristiana que se puede probar» (*Ortodoxia*, cap. 2). También lo es para el gran Newman. Hablando de la realidad del mal, dice: «todo este panorama es para volverse loco o morir de estupor, e infunde en el alma una sensación de misterio profundo que está mucho más allá del poder de las soluciones humanas. ¿Qué puedo decir ante este panorama que taladra y enloquece el corazón y la razón? Solo se me ocurren dos cosas: o no hay Creador o este mundo de los hombres ha sido desechado y apartado de su Presencia. (...) S hay Dios, puesto que hay Dios, el ser humano debe estar marcado por alguna terrible calamidad de nacimiento; está desconectado de los propósitos de su Creador, y esto es un hecho tan verdadero como que el mundo existe. De ahí que la idea teológica del pecado original cobre un grado de certeza que se aproxima a la misma existencia de Dios y del mundo» (*Apologia pro vita sua*).

Así es, en el hombre hay algo que no encaja. Una desconexión entre su deseo y su realidad, una frustración perenne, una especie de desazón espiritual, cierta incomodidad existencial. «Lo que la revelación divina nos enseña coincide con la misma experiencia. Pues el hombre, al examinar su corazón, se descubre también inclinado al mal e inmerso en muchos males que no pueden proceder de su Creador, que es bueno» (*GS* 13). Este punto de la *Gaudium et Spes* nos servirá de guía para comprender las consecuencias que derivan del pecado de origen. Dice el Concilio que [el hombre] «**rompió,** además, el orden debido con respecto a su fin último y, al mismo tiempo, toda su ordenación en relación consigo mismo, con todos los otros hombres y con todas las cosas creadas».

A. Ruptura de las relaciones originarias: de la relación a la autonomía

«El hombre rompió», dividió lo que el Creador había creado uno. « Vuestras iniquidades han hecho una separación entre vosotros y vuestro Dios» (*Is* 59, 2). El pecado es ruptura. De la ruptura viene la herida, la incapacidad, la insatisfacción, la muerte.

Empezaremos por la ruptura. Seguiremos por sus dolorosos efectos.

¿Qué rompió el pecado? Mejor, ¿de qué rupturas hablamos cuando hablamos de pecado? De ruptura de relaciones. La persona es relación. No tiene relaciones, sino que es relación. Porque el hombre es a imagen y semejanza del Dios Uno y Trino, comunión de Personas Divinas. La relación describe a la persona como ninguna otra nota o atributo. Es algo constitutivo en ella: ser persona es estar abierto y llamado al vínculo personal, a la comunión. A la comunión con las Personas Divinas y, a otro nivel, a la comunión con el otro. Pero de la ruptura de la relación originaria (de la relación con Dios) derivan las otras rupturas. «En cuanto **ruptura** con Dios, el pecado es el acto de desobediencia de una criatura que, al menos implícitamente, rechaza a aquel de quien salió y que la mantiene en vida; es, por consiguiente, un acto suicida. Puesto que con el pecado el hombre se niega a someterse a Dios, también su equilibrio interior se rompe y se desatan dentro de sí contradicciones y conflictos. Desgarrado de esta forma, el hombre provoca casi inevitablemente una ruptura en sus relaciones con los otros hombres y con el mundo creado» (San Juan Pablo II, *Reconciliatio et paenitentia,* n. 15). Las heridas no son sino consecuencia del rechazo de la relación con Dios.

1. Ruptura de la relación con Dios

Efectivamente, «la verdad más radical de la persona humana es que ha sido llamada a la existencia por amor de Dios y para vivir en el amor. Esta radical y constitutiva vinculación personal con

Dios, que es su origen y su fin, queda unilateral y voluntariamente trastocada por el pecado» (Scola, *Antropología*).

La negación de esa relación constitutiva es un rechazo a su ser criatura, a su dependencia del Creador. No quiero ser criatura, ahora soy autónomo, independiente, soy por mí mismo y no por otro. Craso error. Buscabas la autoafirmación y aquello acabó en autodestrucción. Ahora yo decido el orden y lo establezco, yo soy dios. «La forma más grave del pecado consiste en que el hombre quiere negar el hecho de ser una criatura, porque no quiere aceptar la medida ni los límites que trae consigo. No quiere ser criatura porque no quiere ser medido, no quiere ser dependiente. Entiende su dependencia del amor Creador de Dios como una resolución extraña. Pero esta resolución extraña es esclavitud, y de la esclavitud hay que liberarse» (Cardenal Ratzinger, *Creación y pecado*). Porque pretendimos ser Dios. Pretendimos prescindir de la relación que nos constituye y alcanzar nuestro fin en nosotros mismos. Consideramos la dependencia de amor como esclavitud de la que liberarse. El hombre no quiere ser criatura. Mediante el pecado, el hombre se erige como ser autónomo de su destino y como autor de su felicidad. Pero en esta autonomía no halla más que desgracia y sinsentido pues no puede darse aquello a lo que aspira y para lo que ha sido creado pero que no puede alcanzar por sí mismo: ha de recibirlo de Dios, de esa relación que se halla en su origen y que está llamada a crecer hasta llenar plenamente su corazón.

Por otro lado, esa vinculación personal con Dios, el don de la gracia, queda trastocada: voluntariamente, el hombre se separa de quien es la fuente de su propia vida. Por eso, san Juan Pablo II llega a decir que el pecado es un «acto suicida»: no solo somos criaturas de Dios, sino que ha querido que su propia vida sea –en cierto grado– la nuestra. La vida de la gracia, la vida de Dios, informaba al hombre desde dentro, toda su naturaleza –lo inferior– quedaba elevado, vivificado por la vida divina. Si me alejo de esa vida divina, mi naturaleza humana queda *sibi relicta*, abandonada a sí misma. Efectivamente, la autonomía (*auto*: por sí mismo; *nomos*: ley, gobierno, administración) alcanzada con el pecado no es tal, no deriva en el dominio de uno mismo, sino en su contrario. Lo superior (la gracia) deja de ordenar y gobernar lo inferior (la naturaleza) y en la autonomía de una naturaleza dejada a sí misma, el hombre, más que libertad, experimenta esclavitud. La esclavitud de aquellas capacidades y potencialidades humanas (la voluntad, la razón y los afectos) que, no regidos ya por el amor de Dios, se desorientan, quedan heridos y desconcertados.

Resumiendo y concretando lo dicho, ¿cuáles son las consecuencias de esta ruptura de la relación originaria entre el hombre y Dios? Podemos condensarlas en tres: pérdida de la gracia, pérdida de los dones preternaturales y herida en nuestra naturaleza humana.

El hombre se aleja de la fuente de la Gracia y la pierde. Después del pecado, Adán y Eva, cuando oyen la voz del Señor, que se pasea por el jardín, se esconden. Tienen miedo (*Gn* 3, 8-10). «La Escritura muestra las consecuencias dramáticas de esta primera desobediencia. Adán y Eva pierden inmediatamente la gracia de la santidad original (cfr. *Rm* 3, 23)» (cfr. *CCE* 399). El hombre tiene miedo de su Creador: ha perdido aquella intimidad, confianza y familiaridad de la que gozaba. En vez de eso, experimenta temor, desconfianza, rechazo. Ha roto la relación con el Creador, ha perdido la gracia originaria. De amigos íntimos a extraños.

La ruptura de la relación con Dios no puede tener sino la lógica consecuencia de la **pérdida** de aquellos dones «extra», que no le pertenecen por esencia, sino que son puro regalo, don sobre don. Los **dones preternaturales** (inmortalidad, impasibilidad, ciencia e integridad), esos que Dios había concedido al hombre por pura esplendidez divina, son perdidos para siempre. La muerte hace su entrada en la historia humana (cfr. *CCE* 400), junto con un profundo sufrimiento en el alma por el alejamiento de su Creador y su Amor, un desconocimiento de Dios y sus obras y el desorden de todas las potencias humanas. De inmortales a efímeros. De impasibles a sufrientes. De sabios a ignorantes. De íntegros a disolutos. Efectivamente, en los planes divinos no estaban ni la **muerte** ni el dolor ni la enfermedad. Y son, sin embargo, castigos salutíferos, pues, siendo consecuencia del pecado, nos hacen más conscientes de él y de nuestro anhelo y necesidad absoluta de Dios. Como todo castigo divino, la muerte manifiesta el amor de Dios por nosotros, de un Dios que quiere que volvamos a Él y que nos espera tras ese terrible trance. La muerte nos pone ante nuestra nada y, por tanto, inevitablemente ante Dios. De hecho, se puede decir que una clara manifestación del ateísmo presente es precisamente el ocultamiento de la muerte en las sociedades occidentales, y la consideración de esta como algo «evitable», como un incidente o un «fracaso técnico» (cfr. Higinio Marín, *Mayo del 68: días de Júpiter*). Pero, velada o manifiesta, la muerte y la enfermedad van a seguir imponiéndose tercamente.

La naturaleza humana queda herida. Estamos interiormente rotos. ¿Es acaso esta la más dolorosa ruptura? No, la más dolorosa es la primera. Y de ella derivan las demás. Porque solo en Dios soy yo mismo, sin Dios, ni yo puedo conocerme plenamente y mucho menos amarme. La gracia es un don «extra», ya lo explicamos. Pero esa naturaleza que recibe la gracia ha sido creada con capacidad de Dios –*capax Dei*–, para acoger la vida divina, y ese don de la gracia no es un *optional.* En el contrato de opción, el comprador puede comprar o no –tiene el derecho pero no la obligación– un activo. La gracia no se compra o no, ni siquiera se recibe o no indistintamente. La gracia eleva la naturaleza. No es opcional para mi naturaleza. Sin aquella, esta no es como debiera, como ha sido querida por Dios. Dice el Catecismo, en el número 405, que la naturaleza humana «está herida en sus propias fuerzas naturales, sometida a la ignorancia, al sufrimiento y al imperio de la muerte e inclinada al pecado (esta inclinación al mal es llamada "concupiscencia")». La doctrina habla aquí de los ***quatro vulnera***, o cuatro heridas en las capacidades humanas, a saber:

- **Ignorancia.** Es la herida en la inteligencia. Tras el pecado, la inteligencia tiene dificultades para conocer a Dios y conocer el bien.

- **Debilidad.** Aun conociendo el bien, el hombre experimenta la falta de fuerza, de voluntad y de capacidad para realizarlo.

- **Malicia.** «El desorden de la voluntad está en amar más lo que es un bien menor» (Santo Tomás, *ST* I-II, q. 78, a. 1). Aun conociendo el bien mayor, el hombre experimenta muchas veces que no quiere ese bien, sino uno menor.

- **Concupiscencia.** Es la herida en la afectividad y se podría definir como aquella inclinación al pecado que todos tenemos *(fomes peccati)*. «El pecado le tiende la mano, y él lo comete» (Card. Ratzinger, *Creación y pecado*).

Vistas así las cosas, podemos afirmar con Taciano que «nos perdió nuestra autonomía. Siendo libres, nos convertimos en siervos al ser derrotados por el pecado» (*Discursos contra los griegos*, 11). De libres para amar a esclavos del pecado.

2. Ruptura de la relación con el otro y con los otros

Repetimos: el hombre es relacional. Y solo en la relación tiene su vida, él solo no es nada, solo en el tú halla su sentido y felicidad. El hombre es ser-para. Solo en la relación de comunión con el Otro –y con los otros– somos nosotros mismos.

Lo dice muchísimo mejor el cardenal Ratzinger en su libro ya citado, *Creación y pecado*: «Ningún hombre está encerrado en sí mismo, que ninguno puede vivir solo para sí y por sí. (...) El hombre tiene su mismidad no solo dentro de sí, sino también fuera: vive para aquellos a los que ama; para aquellos gracias a los cuales vive y para los cuales existe. El hombre es relación y tiene su vida, a sí mismo, solo como relación. Yo solo no soy nada, solo en el Tú y para el Tú soy Yo-mismo. Verdadero hombre significa: estar en la relación del amor, del por y del para. Y pecado significa estorbar la relación o destruirla. El pecado es la negación de la relación porque quiere convertir a los hombres en Dios. El pecado es pérdida de la relación, interrupción de la relación, y por eso esta no se encuentra únicamente encerrada en el Yo particular. Cuando interrumpo la relación, entonces este fenómeno, el pecado, afecta también a los demás, a todo. Por eso, el pecado es siempre una ofensa que afecta también al otro, que transforma el mundo y lo perturba. De ahí que, como la estructura de la relación humana ha sido perturbada desde el comienzo, cada hombre entre, en lo sucesivo, en un mundo marcado por esta perturbación de la relación. Al ser humano mismo, que es bueno, se le presenta a la vez un mundo perturbado por el pecado. Cada uno de nosotros entra en una interdependencia en la que las relaciones han sido falseadas. Por eso, cada uno está ya desde el comienzo perturbado en sus relaciones, no las recibe tal y como deberían ser».

«Todos los actos de la vida que no son relación son falsos. Todos los actos individualistas, donde los demás no son tenidos en cuenta, son mentira. En la Iglesia, estos se llaman pecados. Son distorsiones de la naturaleza humana» (Fabio Rosini, *El arte de recomenzar*). El pecado distorsiona las relaciones. En todo aquello que en mi vida no genere comunión, puedo olfatear el tufo, más o menos fuerte, del pecado.

Gn 3, 16: «A la mujer le dijo: –Multiplicaré los dolores de tus embarazos; con dolor darás a luz tus hijos; hacia tu marido tu instinto te empujará y él te dominará».

La interpretación que san Juan Pablo II hace de este «él te dominará», que dirige Dios a la mujer, es sencillamente magnífica. No me resisto a poner la cita, aunque sea larga. «La descripción bíblica del libro del Génesis (...) indica igualmente la alteración de aquella originaria relación entre el varón y la mujer, que corresponde a la dignidad personal de cada uno de ellos. El hombre, tanto varón como mujer, es una persona y, por consiguiente, "la única criatura sobre la tierra que Dios ha amado por sí misma"; y al mismo tiempo precisamente esta criatura única e irrepetible "no puede encontrar su propia plenitud si no es en la entrega sincera de sí mismo a los demás". De aquí surge la relación de "comunión", en la que se expresan la "unidad de los dos" y la dignidad como persona tanto del varón como de la mujer. Por tanto, cuando leemos en la descripción bíblica las palabras dirigidas a la mujer: "Hacia tu marido irá tu apetencia y él te dominará" (*Gn* 3, 16), descubrimos una ruptura y una constante amenaza precisamente en relación a esta "unidad de los dos", que corresponde a la dignidad de la imagen y de la semejanza de Dios en ambos. Pero esta amenaza es más grave para la mujer. En efecto, al ser un don sincero y, por consiguiente, al vivir "para" el otro aparece el dominio: "él te dominará". Este "dominio" indica la alteración y la pérdida de la estabilidad de aquella igualdad fundamental, que en la "unidad de los dos" poseen el varón y la mujer; y esto, sobre todo, con desventaja para la mujer, mientras que solo la igualdad, resultante de la dignidad de ambos como personas, puede dar a la relación recíproca el carácter de una auténtica *communio personarum*. Si la violación de esta igualdad, que es conjuntamente don y derecho que deriva del mismo Dios Creador, comporta un elemento de desventaja para la mujer, al mismo tiempo disminuye también la verdadera dignidad del varón. (...) La unión matrimonial exige el respeto y el perfeccionamiento de la verdadera subjetividad personal de ambos. La mujer no puede convertirse en "objeto" de "dominio" y de "posesión" masculina. (...) También la justa oposición de la mujer frente a lo que expresan las palabras bíblicas "él te dominará" (*Gn* 3, 16) no puede de ninguna manera conducir a la "*masculinización*" de las mujeres. La mujer –en nombre de la liberación del "dominio" del hombre– no puede tender a apropiarse de las características masculinas, en contra de su propia "originalidad" femenina (...). Los recursos personales de la femineidad no son ciertamente menores que los recursos de la masculinidad; son solo diferentes. Por consiguiente, la mujer –como por su parte también el varón– debe entender su "realización" como persona, su dignidad y vocación, sobre la base de estos recursos, de acuerdo con la riqueza de la femineidad, que recibió el día de la creación y que hereda como expresión peculiar de la "imagen y semejanza de Dios"» (*Mulieris Dignitatem*, 10).

Ahora lo llamamos patriarcado, que a su vez ha derivado en cierto feminismo radical. Prescindo de comentar el tema –excede las características de un breve manual–, simplemente, expongo la evidencia: el pecado ha perturbado las relaciones entre el varón y la mujer. A la historia –y a la actualidad– me remito. Y perturba a diario mis relaciones con el resto de personas que no son «yo».

De la excesiva dependencia (lo que ahora comúnmente se llaman relaciones tóxicas) pasamos a querer vivir solos en el planeta porque el resto de la humanidad me irrita profundamente. Relaciones de posesión enfermiza (con ellos o ellas, lo mismo da) y aislamiento en nuestro mundo virtual. Curioso modo de vivir las relaciones. Más bien de matarlas. Dos extremos, que además están a la orden del día (¿por qué será?). Por no hablar de los ambientes laborales: ahí, cualquier otro es simplemente un rival, una amenaza a mi frágil prestigio. Mejor acabar con él cuanto antes. Aquí solo puede haber un superviviente, y ese soy yo. Este es solo un pequeño ejemplo de aquella envidia que puede derivar en odio. Dependencia, indiferencia, odio.

Antes del pecado, Adán y Eva estaban desnudos y no sentían vergüenza. Y no sentían vergüenza, como explica san Juan Pablo II, por efecto del amor del mismo Dios en sus corazones –la gracia–, de modo que uno y otro se aman desinteresadamente con amor de complacencia: el otro es mi dicha y yo soy su gozo (cfr. *El don desinteresado*, citado en *Como Jesús,* de Mauro Leonardi). Ahora el otro es mi tesoro, mi objeto, mi trofeo; o bien, mi limitación, mi amenaza, mi rival, mi estorbo. O simplemente lo ignoro.

Y resulta que en este mundo de dependencias sexuales y afectivas, de rivalidades enfermizas y feroces y de indiferencias crueles y heladoras, mi corazón gime de dolor y soledad. Eso a uno no se lo cuentan, pero uno lo siente. Y es un dolor al que nunca te acostumbras. ¿Quién enseñará a mi corazón a amar como verdaderamente anhela? ¿Quién me amará como debiera? ¿Es que acaso es posible?

Citemos de nuevo al gran Ratzinger: «(...) el hombre no se puede salvar solo. El error de su existencia consiste precisamente en querer estar solo» *(Creación y pecado)*.

3. Ruptura de la relación con la Creación

También el cosmos, como *hogar* del hombre, es alejado de la cercanía de Dios a consecuencia del pecado. También el cosmos sufre las consecuencias de esa ruptura, que se manifiesta ahora en «los gemidos y los dolores de parto» que la creación entera sufre (cfr. *Rm* 8, 20). El desorden fruto del pecado afecta a todo lo creado. El sufrimiento de la tierra no es solo consecuencia de su explotación por parte del hombre, es decir, de los pecados personales a lo largo de la historia. Desde el pecado original, la tierra experimenta catástrofes, sequías, epidemias, desertización... no sabemos cómo era la tierra antes del pecado, pero podemos intuir que ciertas catástrofes no se daban. El hombre puede aumentar sus sufrimientos mediante su destrucción y explotación, pero la idea de que, si dejamos de atormentar la tierra, volveremos al paraíso terrenal es una utopía de ecologistas con pocos conocimientos en ciencias geológicas. Las relaciones entre el cosmos y el hombre no son para nada pacíficas. Como hemos dicho, el hombre puede hacer gemir más la tierra de lo que ya gime, la amenaza que el hombre supone para la tierra es real y su razón última se halla en el pecado. De esto ya se nos habla mucho. Por otro lado, el hombre también gime a consecuencia de los gemidos de la tierra. Cada cierto tiempo, el mundo entero se estremece a causa de alguna catástrofe natural que deja tras de sí decenas, cientos, miles de víctimas.

También es cierto que el hombre, creado para trabajar, tras el pecado experimenta una dificultad desproporcionada. El trabajo resulta demasiado arduo. «Al hombre le dijo: —Por haber escuchado la voz de tu mujer y haber comido del árbol del que te prohibí comer: Maldita sea la tierra por tu causa. Con fatiga comerás de ella todos los días de tu vida. Te producirá espinas y zarzas, y comerás las plantas del campo. Con el sudor de tu frente comerás el pan, hasta que vuelvas a la tierra, pues de ella fuiste sacado, porque polvo eres y al polvo volverás» (*Gn* 3, 19). El hombre debía ejercitar su libertad y emplear sus fuerzas en colaborar con Dios mediante el trabajo. Ahora ese esfuerzo le excede no pocas veces, y el cansancio, los obstáculos, la dureza de las condiciones y la limitación de los medios amenazan la perseverancia y el éxito en los proyectos humanos.

B. ¿Heridos o corrompidos?

Aun con todo, el vaso está rajado, no quebrado. Gotea, pero puede almacenar agua. En cierto sentido, el término ruptura no es preciso. En otro, sí lo es. «Que mi pueblo ha cometido dos males: me abandonaron a mí, fuente de aguas vivas, y se cavaron aljibes, aljibes agrietados, que no retienen el agua» (*Jr* 2, 13). Me abandonaron a mí, fuente de aguas vivas... y ahora somos como cisternas agrietadas que dejan resbalar el agua. El abandono de Dios repercute negativamente en nuestra naturaleza, dejándola contrahecha. Pero hay naturaleza. Se ha roto la relación y eso afecta a mi ser, pero no se ha roto mi ser. La ruptura es en la relación (la persona) y afecta a la esencia (la naturaleza). Pero la naturaleza no está corrompida, podrida, no es inservible, ineficaz, puro pecado.

No conviene cargar las tintas hablando del pecado. Y si se hace, que sea, como hace san Pablo en su carta a los Romanos (de lectura obligatoria, por cierto), solo y exclusivamente en aras de exaltar el amor de Dios. Sobre el amor de Dios, nunca se hablará, escribirá o reflexionará lo suficiente. Es absolutamente imposible reducirlo a términos humanos. Nunca se podrá exagerar al hablar del amor de Dios. La exageración del pecado, en cambio –si no es como consecuencia del verdadero amor de Dios–, tiene efectos bastante devastadores. A nivel histórico, ya tenemos experiencia (cfr. Capítulo 4, epígrafe 5). A nivel personal, no es para nada aconsejable llegar a la obsesión de pensar que todo es pecado. No me quedo tampoco con el otro extremo de la balanza: la negación de la existencia del pecado. Aunque a primera vista puede parecer la manera más sencilla de liberar la conciencia de pesadas cargas, no soluciona el problema. Solo lo niega. Y negar la realidad es la actitud menos recomendable para buscar una solución. ¿Conclusión? Usando la terminología clásica: la naturaleza está herida pero no corrompida. El vaso está rajado pero no quebrado. Sigue siendo vaso. El pecado, como «privación del don de la comunión con Dios e inclinación al mal, se traduce en un real deterioro de la existencia humana. Pero esta privación y el consiguiente deterioro no significan corrupción total, ya que permanecen las estructuras esenciales y la vocación originaria» (Scola, *Antropología*, p. 122).

La humanidad no ha vivido nunca en estado de «puro» pecado. La caída provocó serias heridas pero no la putrefacción total de toda la maravilla creada por Dios que es el hombre. En el siglo XVI, ante la pretensión de Lutero de exagerar la corrupción humana fruto del pecado, la Iglesia se esforzó en dejar claro que la naturaleza humana está herida pero no corrompida. Ya hablaremos del tema.

C. Defecto de fábrica. La herencia del pecado original

Adán y Eva pecaron libremente. Rechazo de la relación con Dios, ruptura de la Alianza, pérdida de la gracia, herida en la naturaleza, desorden, muerte. Y eso desde el principio hasta ahora, pasando por los millares de generaciones que nos separan. Lo que verdaderamente resulta difícil de entender es por qué yo, varón, mujer del siglo XXI, padezco las consecuencias de un pecado cometido hace... ¿cuántos miles de años?

Es este el punto verdaderamente escabroso, donde en mayor medida reside el misterio. Ellos cometieron un pecado personal que tiene consecuencias en el estado de la humanidad desde entonces. Su *acción* pecaminosa deviene en un *estado* de pecado. Yo no he cometido ese pecado. Y sin embargo sufro sus consecuencias. ¿Por qué tan gran injusticia? Antes de tratar de «responder» a la pregunta, distingamos los hechos.

El pecado de Adán y Eva se conoce como «pecado original originante» porque origina, da lugar, a un estado de pecado conocido como «pecado original originado». En Adán y Eva, el pecado original fue un pecado *personal* (una acción pecaminosa, un pecado libremente cometido) y en nosotros, sus descendientes, es un *estado* de pecado, una condición de pecado que en ningún caso tiene carácter de culpa personal –no es un pecado cometido, un rechazo a Dios libremente elegido– pero que, sin embargo, alcanza a toda la humanidad, es un estado de pecado «heredado», que nos ha sido transmitido desde nuestros primeros padres.

San Pablo, en su carta a los Romanos, expresa la transmisión del pecado original en los siguientes términos: «por tanto, así como por medio de un solo hombre entró el pecado en el mundo, y a través del pecado la muerte, y de esta forma la muerte llegó a todos los hombres, porque todos pecaron...» (*Rm* 5, 12). Términos que han sido el fundamento escriturístico de la doctrina de la herencia del pecado, proclamada a nivel magisterial en el *Decreto sobre el pecado original* del Concilio de Trento (1546). El Concilio dice que «este pecado de Adán que es por su origen uno solo [es] transmitido a todos por *propagación*, no por imitación, está como propio en cada uno (...)». La transmisión del pecado original es por propagación, y no por imitación. ¿Qué significa esto? Significa que el pecado original no se ha transmitido y ha llegado a nosotros porque, a partir de Adán y Eva, todos los hombres hayamos elegido imitar su pecado, y por eso nos hallemos también todos en situación de pecado, sino que las consecuencias de ese primer pecado se propagan, es decir, se extienden a todo hombre (varón y mujer). En palabras de san Juan Pablo II: «el primer ser humano (varón y mujer) recibió, en efecto, de Dios la gracia santificante no solo para sí mismo, sino, en cuanto cabeza de la humanidad, para todos sus descendientes. Así pues, con el pecado que lo estableció en una situación de conflicto con Dios, perdió la gracia (cayó en desgracia), incluso en la perspectiva de la herencia para sus descendientes» (San Juan Pablo II, *Audiencia General*, 10 septiembre 1986). Esto es, del mismo modo que el don de la gracia con el que fue dotado la naturaleza se perdió en Adán y Eva, ellos, como cabeza de toda la humanidad, como transmisores de la naturaleza humana mediante la procreación, perdieron para siempre esa donación, ese regalo de la naturaleza elevada al orden de la gracia, dejándonos en herencia, en vez de la gracia, su contrario: el pecado. «En la "lógica" interior del pecado, que es rechazo de la voluntad de Dios, dador de este don, está incluida la pérdida de él. La gracia santificante ha cesado de constituir el enriquecimiento sobrenatural de esa naturaleza que los primogenitores transmitieron a todos sus descendientes en el estado en que se encontraba cuando dieron inicio a las generaciones humanas. Por ello el hombre es concebido y nace sin la gracia santificante» (San Juan Pablo II, *Audiencia General,* 1 octubre 1986).

En este sentido, es cierto que existe una solidaridad humana, una unidad en el género humano que, aunque difícil de explicar –al margen de la transmisión de la naturaleza humana mediante la procreación–, se nos hace razonable y hasta evidente. Quizá, desde esta perspectiva, pueda llegar a intuirse algo más del misterio. Esta solidaridad de todos los hombres en Adán y Eva, que san Pablo pone de manifiesto en su carta a los Romanos, no es sino una solidaridad de todos los hombres en Cristo. El plan de Dios para el hombre, desde el principio, es la participación de todos los hombres en la filiación del Hijo, es ser hijos de Dios en Cristo. Como dice Scola, «en Adán se revela que todos los hombres son solidarios y conformes en la llamada a la filiación divina», que es lo mismo que decir que «solo a la luz de la solidaridad en Cristo se vuelve accesible el sentido de la solidaridad de todos los hombres en el pecado de Adán». Esto es, el hombre ha sido creado para un fin que le excede, que trasciende su condición de criatura y que es el mismo Cristo. El pecado como rechazo implica el rechazo de ese fin, es un rechazo que implica a todo hombre porque todo hombre está llamado a ese mismo fin. De este modo se entiende que, como explica Fernando Ocáriz, «la situación del hombre, de hecho, es necesariamente sobrenatural: situación de gracia o de pecado» (*Naturaleza, gracia y gloria*, pág. 62). Situación de acogida del don o de rechazo.

El *Catecismo de la Iglesia Católica* nos propone mirar el misterio del pecado desde esta perspectiva, esto es, desde su otra cara, desde el Misterio de la Redención, desde Cristo, y repite esta idea por activa y por pasiva, ya sea por su importancia, ya por la dificultad de su comprensión. Se nos propone, por tanto, partir del Misterio de Cristo para comprender el misterio del pecado. Y no al revés. A ver si nos aclaramos… Primero fue Adán y luego, Cristo, ¿cómo va a ser al revés? Eso es así «históricamente», en el tiempo. Pero desde la eternidad, el designio de Dios sobre el hombre solo se entiende plenamente en Cristo, de ahí que, como hemos dicho, la solidaridad de todos los hombres en Adán no es sino solidaridad de todos los hombres en Cristo. «El significado último de esta historia [la del pecado] solo se manifiesta a la luz de la Muerte y de la Resurrección de Jesucristo (cfr. *Rm* 5, 12-21). Es preciso conocer a Cristo como fuente de la gracia para conocer a Adán como fuente del pecado» (*CCE* 388). «La doctrina del pecado original es, por así decirlo, "el reverso" de la Buena Nueva de que Jesús es el Salvador de todos los hombres, que todos necesitan salvación y que la salvación es ofrecida a todos gracias a Cristo» (*CCE* 389). Que todos seamos pecadores de lo que me está hablando en realidad es que solo en Cristo halla todo hombre su salvación. Lo explicaremos más detenidamente.

Como última pincelada, recordemos aquí que una de las fuentes de la teología es la Tradición, que se halla presente en las prácticas y la vida de la Iglesia. En este sentido, la práctica del bautismo de los niños, que desde los primeros siglos vive la Iglesia, no es ni casual, ni accesoria, ni efímera, ni pasajera, ni indiferente, ni dispositiva, sino una manifestación, corroboración y, en cierta medida, *demostración* de la fe de la Iglesia –antes de cualquier proclamación dogmática– de que toda persona nace en estado de pecado.

Si no te acaba de «cerrar» el asunto, no es porque no sea verdad, sino porque tiene el grado de verdad del misterio, esto es, el máximo. Las preguntas pueden estar referidas a dos tipos de cuestiones: a cuestiones problemáticas o a cuestiones mistéricas. Los problemas tienen una respuesta determinada, una solución concreta, cerrada, y los misterios tienen respuesta abierta, esto es, hay cierta explicación, pero no demostración, pues siempre pueden ser susceptibles de una mayor profundización. Porque misterio me habla de verdad, acaso tan profunda, que no es plena, completa y totalmente accesible al entendimiento por lo que siempre puede ser comprendida de un modo más profundo.

Concluyendo...

Tras lo expuesto, si tuviéramos que definir el pecado, podríamos hacerlo como la preferencia de uno mismo frente a la preferencia de Dios. «El hombre se prefirió a sí mismo en lugar de a Dios» (CCE 398). Que en el fondo es definirlo con la tradicional formulación del pecado como *aversio a Deo et conversio ad creaturas.* Aversión a Dios y conversión a las criaturas. La palabra aversión está compuesta por el prefijo «ad», que significa hacia, y «versus», dado la vuelta. Esto es: rechazar a Dios, darle la espalda a aquello que está originariamente enfrente (Dios) para girarse *(conversio)* hacia uno mismo, lo creado. Del Creador, a la creación. Y esta otra: *amor sui usque ad contemptum Dei:* el amor de sí hasta el desprecio de Dios (San Agustín, *La Ciudad de Dios*, XIV, 28).

El pecado es elección de autonomía, de autarquía, de autodeterminación (el prefijo «auto» procede del griego, y significa "él mismo", es decir, elección de «uno mismo») frente a la elección de la comunión, de la relación, del vínculo, que implica a su vez la elección de la aceptación, la acogida, la donación, la sumisión y la entrega. Frente a la elección del Otro, del Tú, elección en la que verdaderamente hallo mi «yo mismo».

En el momento en que elegimos, caímos en la cuenta de que nuestra mayor incapacidad es justamente esa a la que aspirábamos: la incapacidad radical de alcanzar por nosotros mismos nuestro fin, nuestra perfección, nuestra felicidad. Desgraciadamente, queríamos ser Dios para comprobarlo por nosotros mismos, para, efectivamente, llegar a conocer el «bien y el mal» (cfr. *Gn* 3, 5.22). Si, aceptando nuestra condición de criaturas, nos hubiéramos fiado de Dios, nos habríamos ahorrado semejante experiencia.

Pero todavía hay esperanza. «Salvados, es decir, libres y de verdad, solo podemos estar cuando dejamos de querer ser Dios, cuando renunciamos a la ilusión de la autonomía y a la autarquía» (Ratzinger, *Creación y pecado*). Solo hay que seguir el camino contrario y por el cauce adecuado: el camino de Cristo quien, por el Espíritu Santo, nos enseña a volver la mirada y el corazón al Padre.

Resumen

- La caída de los ángeles es la primera rebelión de las criaturas contra Dios y su plan. Satanás, el diablo, es seguido por otros ángeles que, al desviar su voluntad de la Dios, se deciden definitivamente por el mal –que es la ausencia del Bien–. La libertad de los ángeles y de los hombres conlleva la posibilidad de desviar su propia voluntad de la del Creador, y «así es como pecaron los ángeles, los cuales, por el libre albedrío, se inclinaron al propio bien sin someterse a la regla de la voluntad divina» (Santo Tomás, *ST* I, q. 63, a. 1).

- La Sagrada Escritura nos presenta en el capítulo 3 del Génesis el relato de la caída de Adán y Eva, en el que, a través de un lenguaje metafórico y simbólico, se nos revela el misterio del pecado, de su origen y sus consecuencias. Los cuatro elementos del relato contienen una fuerte carga alegórica, a saber:

  - La *serpiente* representaba para Israel los cultos orientales y simboliza, por tanto, la tentación continua de abandonar al Dios de la Alianza y seguir a dioses extranjeros.

  - El *árbol del conocimiento del bien y del mal* «evoca el límite infranqueable que el hombre en cuanto criatura debe reconocer libremente y respetar con confianza» (*CCE* 396), pues es criatura y solo en la amorosa y libre dependencia con su Creador puede alcanzar su plenitud.

  - La *tentación* de la serpiente se plantea precisamente en clave de sospecha hacia la bondad del Creador y su posibilidad de saciar al hombre en su anhelo más profundo, pues es aquello para lo que ha sido creado: llegar a ser plenamente divinizado por Dios.

- En la *elección* libre del hombre es donde se halla la causa última del pecado, pues el hombre tan libremente pecó como libremente podía haber rechazado la tentación.

- El *seréis como dioses* pone al hombre frente a su deseo último y frente a su libertad: la decisión de alcanzar su deificación de su propia fuente –de Dios–, o de intentar hacerlo al margen de Él.

- En el pecado original se halla la causa del mal, del sufrimiento y de la muerte. Podemos afirmar que el pecado es ruptura de relaciones, de comunión. En primer lugar, con el Creador y, fruto de ella, con uno mismo, con los demás y con el resto de la creación.

  - Como ruptura de la relación con Dios, en un intento de ser autónomos e independientes, el pecado conlleva la autodestrucción y la pérdida de la auténtica libertad. Implica, además, la pérdida del estado de santidad originaria –pérdida de la gracia–, la pérdida de los dones preternaturales y la herida en la naturaleza humana que, sin la vivificación de la gracia, deja al hombre en un estado de ignorancia, de malicia, de debilidad y de concupiscencia.

  - El pecado, además, conlleva la ruptura de las relaciones con los demás. En especial, la relación originaria de comunión entre el varón y la mujer se convierte en relación de rivalidad y confrontación.

  - El pecado original también afecta la relación del hombre con la creación, causando desórdenes naturales y catástrofes. El trabajo, que debía ser una colaboración con Dios, se vuelve arduo y agotador.

- A pesar de las heridas que el pecado ha provocado, la naturaleza no está corrompida, sino herida.

- La acción pecaminosa de Adán y Eva *(pecado original originante),* deviene en el estado de pecado de la humanidad *(pecado original originado)*. La herencia del pecado original solo se puede explicar desde la solidaridad de toda la humanidad en Adán, que es, en realidad, solidaridad de todos los hombres en Cristo. «El primer ser humano (varón y mujer) recibió, en efecto, de Dios la gracia santificante no solo para sí mismo, sino, en cuanto cabeza de la humanidad, para todos sus descendientes. Así pues, con el pecado, que lo estableció en una situación de conflicto con Dios, perdió la gracia (cayó en desgracia), incluso en la perspectiva de la herencia para sus descendientes».

● La solidaridad de todos los hombres en Cristo es la explicación última del misterio del pecado: todos hemos sido creados en Cristo para ser con Él glorificados, y el rechazo de ese plan de Dios en quien fue constituido como cabeza de la humanidad (Adán) implica la pérdida para toda la humanidad, pues todos estamos llamados a ese mismo fin y solo en Cristo podemos alcanzarlo.

Capítulo 2
La gran sinfonía de la redención

1. Eucatástrofe trinitaria
El protoevangelio

Copio de Wikipedia: «*Eucatástrofe* es un término acuñado por J. R. R. Tolkien que se refiere al repentino giro de los acontecimientos al final de una historia que garantiza que el protagonista no sea víctima de un destino terrible, inminente y muy posible. Formó la palabra añadiendo el prefijo griego *"eu-"*, que significa "bueno", a *"catástrofe"*, la palabra usada tradicionalmente en la crítica literaria clásica para referirse al desenlace o conclusión de un drama». Realmente, el gran literato inglés nos está ayudando mucho en nuestra singladura de comprensión del misterio. En la historia que nos atañe, el final lógico de los acontecimientos sería la muerte. Y punto. Muerte del alma y del cuerpo de todo hombre como consecuencia del pecado. ¿Qué nos cuenta el Génesis que sucedió tras el pecado de Adán y Eva? Entre los versículos que narran la caída (*Gn* 3, 1-13) y los que narran sus consecuencias (*Gn* 3, 16-24), hay dos versículos en los que Dios ya anuncia la salvación. *Gn* 3, 14-15: «El Señor Dios dijo a la serpiente: —Por haber hecho eso, maldita seas entre todos los animales y todas las bestias del campo. Te arrastrarás sobre el vientre, y polvo comerás todos los días de tu vida. Pondré enemistad entre ti y la mujer, entre tu linaje y el suyo; él te herirá en la cabeza, mientras tú le herirás en el talón».

Estos versículos se conocen como «protoevangelio». «*Protos*» significa «primero» en griego (πρῶτος). El primer Evangelio, la primera buena noticia, se contiene ya en el primer libro de la Biblia en estas palabras: *Pondré enemistad entre ti y la mujer, entre tu linaje y el suyo; él te herirá en la cabeza, mientras tú le herirás en el talón*». En ellas se anuncia al Salvador, al Mesías Redentor, al hombre que herirá a la serpiente en la cabeza (que la derrotará definitivamente), pasando por el sufrimiento y la muerte *(mientras tú le herirás en el talón)*. Al Hombre que vendrá de la Mujer, de María.

Increíble. Antes de castigar, ya ha perdonado. Aunque más que un castigo –como ya hemos explicado–, el mal no es sino la consecuencia de una elección del hombre. En cualquier caso, lo que está claro es que, en el texto genesíaco, antes de la pena se halla el anuncio de la salvación. Parece que el protagonista de la historia –el hombre y, con él, toda la creación– no va a ser víctima del destino terrible que le corresponde, pues el mismo Dios en Persona se va a encargar de hacer virar los acontecimientos. La respuesta del Dios Uno y Trino a la elección del hombre no es la esperada ni la esperable: es absolutamente *eucatastrófica*, es respuesta de Salvación, de Redención, de Misericordia.

Acaba de entrar la misericordia en la historia. Y la misericordia *precede*, *primerea* a la miseria. Antes de que la miseria –de que las desgracias fruto del pecado– venga a ser uno solo con el hombre, Dios ya ha derramado su misericordia sobre el hombre: ha acogida su elección, la ha perdonado y, lo más increíble, la ha introducido en su plan eterno. Pequeñísima muestra del Corazón misericordioso de Dios. Si al contemplar esta misericordia divina, uno no puede sino alabar a Dios, ¿cómo será el vivir en ella?

Hasta ahora, el Dios Creador es Dios-Amor, Dios-Sabiduría, Dios-Vida. Ahora, el Dios Redentor es Dios-Misericordia. En los tres puntos siguientes intentaremos poner patas a esta respuesta del Padre, del Hijo y del Espíritu Santo.

2. El designio eterno del Padre
Nuestra predestinación en Cristo

«El Padre Eterno, por una disposición libérrima y arcana de su sabiduría y bondad, creó todo el universo, decretó elevar a los hombres a participar de la vida divina, y como ellos hubieran pecado en Adán, no los abandonó, antes bien les dispensó siempre los auxilios para la salvación, en atención a Cristo Redentor» (*Lumen Gentium*, 2). En el mismo sentido, dice el Catecismo que, «tras la caída, el hombre no fue abandonado por Dios. Al contrario, Dios lo llama (cfr. *Gn* 3, 9) y le anuncia de modo misterioso la victoria sobre el mal y el levantamiento de su caída (cfr. *Gn* 3, 15). La tradición cristiana ve en este pasaje un anuncio del "nuevo Adán"» (cfr. *CCE* 410 y 411), esto es, de Cristo. Es san Pablo quien habla de Cristo como el nuevo Adán: «Y así como en Adán todos mueren, así también en Cristo todos serán vivificados» (*1 Co* 15, 22). ¿Qué quiere decir que Cristo es el nuevo Adán?

Ya dijimos que la solidaridad negativa en Adán solo se entiende a la luz de la solidaridad de todos los hombres en Cristo. Si es cierto que en Adán pecamos todos (cfr. *Rm* 5, 12), lo es en la medida en que todos somos salvados solo en Cristo. La solidaridad negativa es la otra cara de la solidaridad positiva, de la verdadera solidaridad: la solidaridad de todos los hombres en Cristo. La palabra solidaridad es un derivado del adjetivo latino *solidus*, que significa firme, compacto, sólido, al que se añade el sufijo *-ario*, que indica procedencia o pertenencia. Todos los hombres pertenecemos a un mismo y único género, porque todos hemos sido *elegidos* y *predestinados* en Cristo. Así lo declara san Pablo en varias de sus cartas: «En él [en Cristo] nos *eligió* antes de la creación del mundo para que fuéramos santos y sin mancha en su presencia, por el amor; nos *predestinó* a ser sus hijos adoptivos por Jesucristo conforme al beneplácito de su voluntad» (*Ef* 1, 4-5); y también: «porque a los que de antemano *eligió* también *predestinó* para que lleguen a ser conformes con la imagen de su Hijo» (*Rm* 8, 29).

¿Qué quiere decir esta elección y predestinación en Cristo? El término griego que se ha traducido por "elegir" es *proegno* y significa "conocer anticipadamente, de antemano", que podría traducirse por: hemos sido pensados, proyectados, creados en Cristo. Predestinar, por su parte, hace referencia al designio, al destino, al fin último. Por tanto, elegir hace referencia al origen (a la creación) y predestinar hace referencia al fin (al destino). Pues bien, nuestro origen y nuestro fin es Cristo. Y de ese origen y fin común de todos los hombres en Cristo deriva la solidaridad positiva de todos los hombres en Cristo de la que también habla Pablo en su carta a los Romanos. La solidaridad nos viene de nuestra creación en Cristo y de nuestra predestinación en Cristo: hemos sido creados a su imagen y en Él hemos sido predestinados a ser hijos. El designio del Padre hacia el hombre es ser constituidos hijos suyos en el Hijo. Y este designio precede a la creación y, por tanto, al pecado. «Dios *quiere* "antes" comunicarse en su divinidad al hombre, *llamado* a ser en el mundo creado su imagen y semejanza; lo *elige antes*, en su Hijo eterno y de su misma naturaleza, a participar en su filiación (mediante la gracia) y solo "después" ("a su vez") quiere la creación, quiere el mundo, al cual pertenece el hombre» (San Juan Pablo II, *Audiencia general*, 28 mayo 1986).

Pero el pecado parece oponerse –y de hecho se opone, es un rechazo– a este designio del Padre, al destino eterno del hombre: este ha sido llamado desde siempre a participar en la condición de hijo propia de Jesucristo en el seno de la Trinidad, y el pecado es un «no» al plan de Dios. ¿Qué supone el pecado en el designio eterno del Padre? ¿Cuál es la respuesta de Dios ante la negativa del hombre?

Si en Cristo habíamos sido llamados a ser hijos «antes» del pecado, en Cristo «muerto y resucitado» somos llamados a ser hijos «después» del pecado. Jesucristo realiza el designio preestablecido por el Padre que, tras el pecado, incluye la Redención del mismo. «La predestinación, es decir, la adopción como hijos en el Hijo Eterno, se opera, por tanto, no solo en relación con la Creación del mundo y del hombre en el mundo, sino en relación a la Redención realizada por el Hijo, Jesucristo» (San Juan Pablo II). La respuesta de Dios al pecado del hombre es la Redención del mismo en su propia carne. La repuesta de Dios al pecado es Cristo, Rostro de la Misericordia. que, para cumplir el designio del Padre, se deja clavar en la Cruz, cargando con el peso de ese pecado, y con su Muerte y Resurrección vence la muerte y nos abre las puertas del Cielo que el pecado había cerrado.

Nuestra predestinación en Cristo y la asunción del pecado en el designio eterno del Padre comporta que el pecado no es el inicio de «todo». Es decir, no es el pecado lo que marca, condiciona, determina y establece el plan de Dios. Más bien, el pecado es asumido, incorporado y maravillosamente superado en su plan, pero no es la causa de Cristo. El designio del Padre es eterno y, al mismo tiempo, la libertad del hombre es real: tiene consecuencias constantes y sonantes. La grandeza, misericordia y sabiduría de Dios se nos hace patente en esta acogida de la elección del hombre y en la superación de la misma que se realiza en Cristo. Cristo, con su Muerte en la Cruz, asume esas consecuencias del pecado y con su Resurrección nos concede el don de la verdadera Vida. Hemos sido predestinados en Cristo, y el pecado se «inserta» en esta predestinación. Si, con este matiz, vuelves a leer el párrafo anterior y sigues leyendo, quizá lo comprendas mejor (yo no acabo de hacerlo, no creas). Por eso, Cristo es el nuevo Adán, pues si en Adán todos morimos, en Cristo todos somos vivificados (cfr. *1 Co* 15, 22).

3. El plan de salvación en Cristo
Redención y glorificación

El giro inesperado de los acontecimientos anunciado en el Génesis (*Gn* 3. 15) es el evento de la Encarnación del Verbo. En vez de dejarnos caer en picado, que es la dirección que hemos tomado por el pecado, Dios mismo interviene en la Historia y nuestra situación de caída es restaurada por Él y en Él mismo, llevando a plenitud el designio eterno del Padre.

Pero ¿por qué esta intervención divina?, ¿en qué dirección se produce y en qué sentido nos salva? Toca adentrarse de lleno en ese evento que constituye el centro y la plenitud de la Historia. Un evento, por otro lado, absolutamente libre y gratuito. Un evento cuyo punto álgido y culmen es el Misterio Pascual, esto es, la Pasión, Muerte, Resurrección y Ascensión de Cristo a los cielos. Un evento cuya única explicación está en el amor hasta el extremo de Dios, que, por salvarnos, toma nuestra carne.

Si por el pecado el hombre se alejó voluntariamente del Creador, la Encarnación es el acercamiento pleno y definitivo del Creador a la criatura. El hombre no puede ascender hacia Dios, entonces el mismo Dios desciende hasta él. La dirección tomada por Dios es la de abajamiento, anonadamiento (*synkatábesis* en griego). «Cristo Jesús, el cual, siendo de condición divina, no consideró como presa codiciable el ser igual a Dios, sino que *se anonadó* a sí mismo tomando la forma de siervo, hecho semejante a los hombres; y, mostrándose igual que los demás hombres, se humilló a sí mismo haciéndose obediente hasta la muerte, y muerte de cruz» (*Flp* 2, 5-8). Y este abajamiento solo tiene una explicación posible: «Dios ama a su criatura, el hombre; lo ama también en su caída y no lo abandona a sí mismo. Él ama hasta el fin. Lleva su amor hasta el final, hasta el extremo: baja de su gloria divina. Se desprende de las vestiduras de la gloria divina y se viste con ropa de esclavo. Baja hasta la extrema miseria de nuestra caída» (Benedicto XVI, *homilía* de 13 de abril de 2006). La única explicación lógica al abajamiento del Verbo es el amor hasta el extremo. El amor hasta el fin, hasta la muerte. La Sagrada Escritura está plagada de referencias a este amor de Dios hacia el hombre: «En esto se manifestó el amor que Dios nos tiene: en que Dios envió al mundo a su Hijo único para que vivamos por medio de él» (*1 Jn* 4, 9). La dirección tomada por Dios es el descenso. La razón: el amor hacia el hombre. Un amor incondicional, pues el pecado no lo limita, es más, es ocasión de su verdadera y definitiva manifestación.

El momento culmen de la vida de Jesucristo, momento en el que se manifiesta de modo patente este amor hasta el extremo, es su Pasión, Muerte y Resurrección, momento en el que el Verbo encarnado carga con todos los pecados de todos los hombres de toda la historia. Explica el Catecismo que «hay un doble aspecto en el misterio pascual: por su muerte nos libera del pecado, por su Resurrección nos abre el acceso a una nueva vida» (cfr. *CCE* 654). Con respecto a nuestra terrible situación de pecadores, alejados del Padre, heridos en nuestra naturaleza y alejados de nuestra única fuente de felicidad, ¿qué maravillosos bienes nos son dados en Cristo Muerto y Resucitado por nosotros? Bienes mayores de los que nos arrebató el demonio. Por ahora, aunque infinitos, los sintetizaremos en dos, que a su vez pueden condensarse en la palabra: salvación. En Cristo somos justificados y somos glorificados. No solo justificados, no solo perdonados. Nos es concedido un don mayor del perdido, el don de la filiación divina. Don sobreabundante que no poseían Adán y Eva y que nos eleva a la categoría de hijos del mismo Dios. Dios se ha hecho uno de nosotros para que participemos, como hijos de Dios, en la vida divina.

El primero de ellos, por tanto, es el perdón del pecado: la Redención. Ya hemos dicho que el pecado no es irrelevante: necesita restauración, expiación, redención. Dios nos toma en serio, es decir, las decisiones libres del hombre tienen consecuencias reales. De otro modo, la libertad no sería más que un desiderátum, una palabra vacía, una buena intención. Esas consecuencias reales del pecado –dolor, sufrimiento, muerte– son asumidas por el Verbo encarnado y en su Pasión, Muerte y Resurrección son perdonadas. No podemos entrar en el modo en que esto se realiza –de esto se ocupa la Soteriología– pero, en lo que a nuestro tema respecta, podemos decir que Cristo, con toda su vida, pero de un modo eminente y primordial con su Pasión y Muerte, nos justifica ante el Padre, esto es, nos concede el don del perdón del pecado y somos verdaderamente perdonados, pues verdaderamente pasamos de pecadores a justos. Es el don de la justificación.

El segundo de los dones es aquel que había sido querido desde la eternidad y que, no poseyendo Adán y Eva, poseemos ahora los «cristificados»: la filiación divina. La existencia humana de Jesús de Nazaret nos abre el acceso a la filiación divina. «Porque tal es la razón por la que el Verbo se hizo hombre, y el Hijo de Dios, Hijo del hombre: para que el hombre, al entrar en comunión con el Verbo y al recibir así la filiación divina, se convirtiera en hijo de Dios» (S. Ireneo, *Haer.*, 3, 19, 1). El Verbo se encarnó para hacernos «partícipes de la naturaleza divina» (*2 P* 1, 4), nos hace partícipes de su propia vida. Divinizarnos, cristificarnos, elevarnos, santificarnos, glorificarnos. Es el don de la santificación.

Se comprende así que el Dios Providente *permitiera* el pecado. La lógica divina no es otra que la sobreabundancia, siendo que «donde abundó el pecado, sobreabundó la gracia» (*Rm* 5, 20). «¿Por qué Dios no impidió que el primer hombre pecara? S. León Magno responde: "La gracia inefable de Cristo nos ha dado bienes mejores que los que nos quitó la envidia del demonio" (*serm.* 73, 4). Y S. Tomás de Aquino: "Nada se opone a que la naturaleza humana haya sido destinada a un fin más alto después del pecado. Dios, en efecto, permite que los males se hagan para sacar de ellos un mayor bien. De ahí las palabras de S. Pablo: 'Donde abundó el pecado, sobreabundó la gracia' (*Rm* 5, 20). Y el canto del *Exultet*: '¡Oh feliz culpa que mereció tal y tan grande Redentor!'" (*ST* III, 1, 3, ad 3)"» (cfr. *CCE* 412). Por su «obediencia hasta la muerte en la Cruz» (*Flp* 2, 8), Cristo repara con sobreabundancia la desobediencia de Adán (cfr. *Rm* 5, 19-20 y *CCE* 411).

Por el abajamiento del Verbo, el hombre es elevado a la condición de hijo. No solo nos rescata, nos eleva. No solo nos justifica, nos santifica. El misterio de la salvación del hombre realizado en Cristo se nos comunica por la efusión del Espíritu Santo. Por el don del Espíritu Santo, quedamos insertados en su Muerte y su

Resurrección, alcanzando así nuestra vocación de hijos, el designio eterno del Padre.

4. La vida en el Espíritu
Recreados por el Amor

Si nos quedáramos aquí, nos perderíamos la mitad de la historia. No termina todo con la Resurrección de Cristo: ese momento es, de hecho, el nuevo comienzo. Jesucristo resucita en Cuerpo Glorioso, pero no se queda: se va al Padre para enviarnos su Espíritu. «Os conviene que me vaya, porque si no me voy, el Paráclito no vendrá a vosotros. En cambio, si yo me voy, os lo enviaré» (*Jn* 16, 7). La partida de Cristo es condición de la venida del Paráclito y la venida del Paráclito es el inicio de la comunicación de su salvación al hombre y al mundo. «Este es un nuevo inicio, ante todo porque entre el primer inicio y toda la historia del hombre –empezando por la caída original–, se ha interpuesto el pecado, que es contrario a la presencia del Espíritu de Dios en la creación y es, sobre todo, contrario a la comunicación salvífica de Dios al hombre» (San Juan Pablo II, *Dominum et Vivificantem,* n. 13). El envío del Espíritu Santo supone un nuevo inicio en la creación, en el hombre y en la historia, dando comienzo a la Iglesia. «La Redención realizada por el Hijo en el ámbito de la historia terrena del hombre es al mismo tiempo, en toda su fuerza salvífica, transmitida al Espíritu Santo: que "recibirá de lo mío"» (San Juan Pablo II, ídem).

Con el envío del Espíritu comienza a realizarse lo que la creación entera esperaba, gimiendo y sufriendo dolores de parto: la manifestación de los hijos de Dios. (cfr. *Rm* 5, 19-22). La fuerza de la Redención abraza también la creación entera, que participa ya –aunque no del todo– de la presencia del Espíritu.

Por la efusión del Espíritu somos verdaderamente purificados y santificados, esto es, el misterio de la salvación nos alcanza y se nos comunica desde lo más íntimo de nuestro ser. Nuestro espíritu participa del Espíritu de Cristo y por su virtud somos introducidos en la vida divina. Por el Espíritu podemos llamar a Dios Padre pues somos constituidos hijos en el Hijo: «Puesto que sois hijos, Dios envió a nuestros corazones el Espíritu de su Hijo, que clama: "¡*Abbá*, Padre!". De manera que ya no eres siervo, sino hijo» (*Ga* 4, 6). Fruto del Misterio Pascual es la efusión del Espíritu Santo, principio de regeneración y vida nueva. «Esta era la finalidad y destino de toda la obra de nuestra salvación realizada por Cristo: que los creyentes recibieran el Espíritu Santo» (San Simeón el Nuevo Teólogo). El misterio de la salvación, realizado de una vez para siempre en la historia en Cristo, se nos comunica mediante la efusión del Espíritu de Cristo.

Con el envío del Espíritu da comienzo la Iglesia, «instrumento de salvación». El Espíritu Santo viene para quedarse desde el día de Pentecostés con los Apóstoles, para estar con la Iglesia y en la Iglesia y, por medio de ella, en el mundo. La unción del Espíritu nos vivifica, pero no de un modo aislado, individualmente, sino que somos insertados en la vida trinitaria a través de la Iglesia: en ella y por medio de ella. La salvación, toda gracia divina, es derramada, por Cristo, en su Cuerpo Místico, que es la Iglesia.

El Espíritu es el amor entre el Padre y el Hijo, el amor increado, fuente de vida, de todo don y de toda gracia. Por el Espíritu somos llamados a la vida y por el Espíritu recibimos la nueva vida, la vida de Cristo. Por el Espíritu somos creados y por el Espíritu somos recreados. «El Espíritu Santo, consustancial al Padre y al Hijo en la divinidad, es amor y don (increado) del que deriva como de una fuente (*fons vivus*) toda dádiva a las criaturas (don creado): la donación de la existencia a todas las cosas mediante la creación; la donación de la gracia a los hombres mediante toda la economía de la salvación. Como escribe el apóstol Pablo: «El amor de Dios ha sido derramado en nuestros corazones por el Espíritu Santo que nos ha sido dado» (San Juan Pablo II, *Dominum et Vivificantem*, n. 10).

5. La gran sinfonía de la Redención

Empezamos hablando de la caída de los ángeles como aquella primera disonancia en la melodía de la Creación, al que siguió el estruendo del pecado original. Además de Tolkien, el Venerable Fulton Sheen, arzobispo americano del s. XX, utiliza también la metáfora musical para hablar de la Creación y del pecado original. Comparaba la Creación como una maravillosa sinfonía que Dios está dirigiendo. De repente, una nota discordante de un violín: el pecado original ha venido a romper toda la armonía musical. ¿Qué hace el director ante tal descalabro? Tiene dos opciones, o bien echar al músico de turno que ha fastidiado el concierto o, si es un genio, será capaz de componer una melodía aún más maravillosa a partir de esa nota. Es exactamente lo que hace Dios Padre en la Historia de la Salvación: la historia más maravillosa jamás contada porque manifiesta de un modo patente que en Dios, poder y misericordia se identifican: que Dios es Amor siempre y en todo, a pesar de todo, *a pesar de los pesares,* a pesar del pecado y los pecados. Que el amor de Dios sobreabunda a la abundancia del pecado (cfr. *Rm* 5, 21).

La respuesta de Dios al pecado es componer una melodía sublime a partir de esa nota disonante: Cristo nuestro Salvador, que, en su carne asume nuestro pecado, que es perdonado y, también en virtud de su carne –de su Encarnación–, nos es concedido el don de la filiación, de ser hijos del Padre en Él por el Espíritu Santo: el don de la gracia.

En los siguientes cuatro capítulos profundizaremos en esta palabra cuya ambivalencia en el uso pueden hacer perder de vista la densidad de su significado o, peor, reducirla a una «cosa» más que la Iglesia proclama. Si hablamos del misterio del pecado y del misterio de la salvación, necesariamente hemos de hablar de misterio de la gracia, como el don de nuestra nueva vida en Cristo.

Resumen

- *Pondré enemistad entre ti y la mujer, entre tu linaje y el suyo; él te herirá en la cabeza, mientras tú le herirás en el talón* (*Gn* 3, 15). Este versículo se conoce como protoevangelio y en él se contiene la promesa de salvación tras el pecado del hombre.

- El designio eterno del Padre es nuestra elección (creación) en Cristo y nuestro destino en Él; esta predestinación es eterna, está fuera y antes del tiempo, y el pecado no la cambia, sino que este es asumido en aquella.

- Si por el pecado el hombre se alejó voluntariamente del Creador, la Encarnación es el acercamiento pleno y definitivo del Creador a la criatura. Cristo asume en su propia carne las consecuencias del pecado y nos concede el don de la filiación divina.

- Por la efusión del Espíritu Santo en nuestras almas se nos comunica la vida divina alcanzada por Cristo. Por el Espíritu que habita en nuestros corazones somos constituidos en hijos del Padre en Cristo.

- La respuesta de la Trinidad al pecado del hombre es la obra de la Salvación, en la que se nos otorgan bienes mayores de los que nos arrebató el pecado (la filiación divina).

Capítulo 3

La densidad del amor

1. Peso entre volumen
Introducción al tratado de gracia

Me ha parecido que la densidad de la palabra «gracia» requería, al menos, cuatro capítulos de explicación. Se conoce por densidad a la relación entre el peso de una sustancia y el volumen que ocupa. La palabra gracia ocupa tan solo seis letras. Bueno, lo correcto es hablar de gracia de Dios, así que, de acuerdo, serían doce letras. Tan solo doce letras para expresar una profundidad de contenido que, en términos de peso, podría estar –sin exagerar un pelo– en mil billones de toneladas (por decir algo y en el hipotético caso de que el amor de Dios pidiera pesarse, claro está). Así que lo que viene a continuación no es más que un intento de ofrecer una visión global, sintética y lo más clarificada posible sobre la gracia de Dios, sin la osada pretensión de agotar el misterio. ¿De qué hablamos, a qué nos referimos, qué estamos diciendo y qué no estamos diciendo cuando afirmamos que la gracia de Dios nos ha sido concedida en Cristo Jesús, por el Espíritu Santo que habita en nosotros? (cfr. *1 Co* 1, 4 y 3, 16). Intentaremos aclarar algo, de modo que, cuando escuchemos hablar de la gracia de Dios, no podamos menos que elevar nuestro corazón a la Trinidad en acción de gracias «porque es bueno, porque es eterna su misericordia» (*Salmo* 118).

Ahora bien, la mayor dificultad para hablar de la gracia de Dios deriva, precisamente, de su densidad incuantificable. La gracia no es una cosa medible y contable. El oro es un elemento químico, un metal precioso con unas propiedades bien precisas y determinadas, cuya densidad es 19,3 (19.300 kg/m^3). Pero la gracia de Dios no es algo, no es una cosa que pueda describirse precisa y asépticamente. La gracia de Dios es, evidentemente, infinidad de veces más valiosa y preciosa que el oro, «que el oro más fino» (cfr. *Salmo* 19, 11), pero no puedo decirte en cifras cuánto. Si pudiera hacerlo, se trataría de algo que es inferior a mí, y que por ello puedo dominar y conocer en profundidad, porque, al ser inferior, es accesible a mi intelecto y voluntad. En este caso, sí se trataría de una cosa. Pero, ya lo dice la palabra, es algo divino, de Dios. Las cosas de Dios no pueden aprehenderse, nos exceden, están por encima –de ahí el misterio–. Ya nos previene san Juan Pablo II del peligro acechante, que sería bueno no perder de vista a lo largo de todo el texto: «En la reflexión sobre la gracia es importante evitar concebirla como una "cosa". Es, "ante todo y principalmente, el don del Espíritu que nos justifica y nos santifica" (*CCE*, n. 2003). Es el don del Espíritu Santo que nos asemeja al Hijo y nos pone en relación filial con el Padre: en el único Espíritu, por Cristo, tenemos acceso al Padre (cfr. *Ef* 2, 18)» (*AG* 22 julio 1988). La gracia de Dios es el don de Dios en mí. Al mismo tiempo, la gracia de Dios es gracia de Dios y Dios es Dios. No es una cosa, pero tampoco es Dios. Es gracia de Dios. De ahí la distinción clásica entre Gracia increada y gracia creada. Por **Gracia increada** nos referimos al mismo Dios, siendo la **gracia creada** el don que Dios hace de sí mismo a la criatura. Tampoco es una especie de sustancia intermedia entre Dios y el hombre: es la misma vida divina vertida y derramada en el corazón del hombre. No es una cosa, tampoco es Dios: es la vida de Dios en mí. Casi nada.

Con este telón de fondo, esto es, prevenidos contra la insidiosa tentación de la cosificación de la gracia, a lo largo del presente capítulo y de los tres siguientes, trataremos de profundizar tanto en su volumen (la significación de la palabra gracia) como en su incalculable peso (el contenido de la misma).

Comenzaremos con un breve estudio de la noción de gracia en la Sagrada Escritura (capítulo 3), seguido por un rápido recorrido histórico de la doctrina de la gracia (capítulo 4). Ambos análisis nos permitirán sentar las bases para afrontar el capítulo quinto, en el que se aborda el estudio sistemático de la misma. Esto es, profundizaremos en algunos de sus aspectos, dimensiones, virtualidades y contenidos. La gracia en su aspecto de justificación del pecador, la gracia como inhabitación de la Trinidad en el alma, la filiación divina como el núcleo de la gracia y la gracia como recreación. En el sexto y último capítulo nos centraremos en los efectos de la gracia en nuestro obrar. Del mismo modo que el oro se reconoce por sus propiedades externas, su color, su brillo, su tacto, Dios, a través de su gracia, actúa en el alma y en la naturaleza de un modo eficaz, manifestándose hacia fuera, externamente, en las virtudes teologales y morales infusas y en los dones del Espíritu Santo.

2. Una alianza eterna
Estudio escriturístico de la gracia

Mediante la Sagrada Escritura, Dios se revela a Sí mismo y nos da a conocer los eternos decretos de su voluntad acerca de la salvación de los hombres, esto es, el misterio de salvación, mediante el cual los hombres, por medio de Cristo, Verbo encarnado, tienen acceso al Padre en el Espíritu Santo y se hacen consortes de la naturaleza divina (cfr. *Dei Verbum,* nn. 2 y 6; en adelante *DV*). La doctrina de la gracia, como misterio de la salvación derramado, tiene su fundamento y su base en la Sagrada Escritura. Todo desarrollo doctrinal de la gracia, que no nazca y se nutra de la Palabra, está condenado a ser infecundo, por su falsedad, pues si carece de fundamento en la Escritura, difícilmente contendrá la Verdad revelada. No es baladí un estudio escriturístico de la noción de gracia, que nos lleve a la certeza de que la voluntad de Dios para el hombre es que seamos hijos del Padre en el Único Hijo por medio del Espíritu. Él mismo lo ha dicho. Y Dios no puede engañar (cfr. *Is* 53, 9). Ha de ser verdad esto.

Del estudio escriturístico de la noción de gracia podemos deducir lo siguiente. En cierto sentido, «la idea que se ha expresado con este vocablo no solo está presente en la Biblia, sino que la penetra toda entera» (L. F. Ladaria), puesto que toda la Biblia manifiesta el amor gratuito e inmerecido de Dios al hombre, su fidelidad, su misericordia, su perdón y su deseo de salvación. Sin embargo, en su sentido teológico más estricto, el término «gracia» es un término que, partiendo de un contenido primario «básico», a lo largo de toda la Sagrada Escritura se ha ido enriqueciendo paulatinamente, hasta llegar a contener una carga semántica tremendamente potente y que hace referencia a la única y definitiva «gracia» de Cristo. Como toda verdad de fe –aunque de modo y en sentidos diversos–, la doctrina de la gracia se contiene en germen en el Antiguo Testamento y en plenitud en el Nuevo. Ya en el Antiguo Testamento encontraremos las raíces de aquel amor pleno de Dios Padre hacia el hombre, pero habrá que esperar al Nuevo Testamento para que ese amor anunciado y prometido sea manifestado y realizado definitiva y completamente en Cristo Jesús (lo cual es narrado en los Evangelios), y sea experimentado y transmitido en toda su riqueza y profundidad por los Apóstoles (en los Hechos de los Apóstoles y en las Epístolas).

A. Raíces veterotestamentarias de la noción de gracia

Para conocer en qué medida la doctrina de la gracia se halla contenida en germen en el Antiguo Testamento, estudiaremos, en primer lugar, los términos que remiten de un modo más evidente a la noción de gracia, que fundamentalmente son dos: *hen* y *hesed*. En el segundo punto se desarrollará cómo, a través del concepto de Alianza, el Antiguo Testamento asegura que la historia humana es historia de salvación, historia de gracia.

1. El Dios Misericodia: *hen, hanan* y *hesed*

El teólogo español L.F. Ladaria explica que en el Antiguo Testamento destacan dos términos hebreos que remiten directamente a la noción de gracia, aunque solo uno de ellos fuera traducido al griego como tal en la Septuaginta[1]. Aunque no sepas nada de hebreo –yo tampoco–, te los voy a colocar aquí (no es alfabeto hebreo, tranquilo, sino transcritas), porque «su estudio nos servirá para ver desde qué categorías ha interpretado el Nuevo Testamento la única gracia definitiva que es Cristo».

El sustantivo **hen** se tradujo por χάρις [charis], y de ahí, a *gratia* en latín (gracia en castellano). El sustantivo **hesed**, por su parte, se tradujo como ἔλεος [eleos], que la mayoría de las veces se traduce como «misericordia». Sin embargo, el verbo del que procede *hen (**hanan**)* ha sido traducido como ἐλεῶ [eleo] (compadecerse), lo cual muestra la afinidad de ambos conceptos. Por otro lado, «en realidad, el término *hesed* está más cercano al concepto neotestamentario de la gracia. Lo fundamental en este último, la gratuidad, no siempre aparece de manifiesto en la noción griega de χάρις que, con frecuencia, significa una benevolencia a la que acompaña una contraprestación de algún género. En el libro de la Sabiduría se asocian las ideas de "gracia" y "misericordia", con lo que se prepara en cierta manera lo que será luego el concepto de gracia en el Nuevo Testamento (cfr. *Sb* 3, 9; 4, 15): se trata de los dones de la salvación que el Señor da a sus elegidos». Nos quedamos entonces con ambos términos, considerando que uno y otro remiten a la noción de gracia.

En la siguiente tabla se resumen los distintos significados que se asocian a los términos hebreos *hanan, hen* y *hesed*.

---

[1] Se conoce por Biblia Septuaginta o Biblia de los Setenta (LXX) a la más antigua recopilación en griego koiné de los libros hebreos y arameos de la Biblia hebrea y otros libros. El nombre de *Septuaginta* hace referencia a los 72 presuntos traductores que tradujeron los textos hebreos y arameos al griego. En general, se piensa que la LXX habría sido formada con el objetivo de cultivar la fe de las comunidades de israelitas piadosos que vivían en la Diáspora, y que se comunicaban en la lengua griega común (koiné). Su traducción se inició en el siglo III a. C. (c. 280 a. C.), y concluyó hacia finales del siglo II a. C. (c. 100 a. C.).

Término hebreo	Griego Koiné	Traducción
Hanan (verbo)	ἐλεῶ [eleo]	Compadecerse, apiadarse, ser misericordioso o considerado, favorecer.

Significados	Citas
- No religioso: modo de comportarse unos hombres con otros. - Sentido religioso: ante la carencia del hombre, Dios viene en su auxilio con su poder y le favorece de un modo inesperado e inmerecido. El hombre suplica a Dios en la oración y Dios actúa con acciones gratuitas que solo Él puede hacer. - El «favor» de Dios se percibe sobre todo en su liberación del pueblo de Dios de sus enemigos y de los males que le rodean.	«El Señor haga brillar su rostro sobre ti y te **conceda su gracia**» (*Nm* 6, 25). «Y Él respondió: –Yo haré pasar todo mi esplendor ante ti, y ante ti proclamaré mi nombre -el Señor-, porque **tengo misericordia** de quien quiero y tengo compasión de quien quiero» (*Ex* 33, 19). «Con todo, el Señor espera para **concederos gracia**; con todo, se alza para compadecerse de vosotros, porque el Señor es el Dios de la justicia: dichosos cuantos esperan en Él» (*Is* 30, 18). «Aparta de mí el camino falso, y **dame la gracia** de tu Ley» (*Sal* 119, 29).

Término hebreo	Griego Koiné	Traducción
Hen (sustantivo)	χάρις [charis]	Gracia, favor

Significados	Citas
- No religioso: cualquier cosa «placentera y agradable». - Sentido religioso: Dios acoge y recibe con favor al hombre, en especial a su pueblo. - El vocablo puede indicar, además del favor o la bondad, también el reconocimiento de algo bueno, de algo que suscita la benevolencia. Solamente Dios puede dar la «gracia» a los pobres o a los humildes o hacer que encuentren el favor de otros. - El término *hen* significa también la cualidad, la belleza que tiene el que halla el favor divino.	«El que ama la pureza de corazón y tiene **gracia** al hablar, tendrá por amigo al rey» (*Pr* 22, 11). «Esto dice el Señor: "En el desierto halló **gracia** el pueblo que escapó de la espada: Israel camina a su descanso» (*Jr* 31, 2). «Pero Noé halló **gracia** en los ojos del Señor» (*Gn* 6, 8). «Eres el más hermoso de los hijos de Adán, en tus labios se ha derramado la **gracia**, pues Dios te ha bendecido para siempre» (*Sal* 45, 3). «Haré que este pueblo halle **gracia** a los ojos de los egipcios de modo que, cuando salgáis, no vayáis con las manos vacías» (*Ex* 3, 21).

Término hebreo	Griego Koiné	Traducción
Hesed (sustantivo)	ἔλεος [eleos]	Misericordia, bondad, amor constante, fidelidad.

Significados	Citas
- Significado no religioso: actitud de bondad, amor de una persona. - *Hesed* indica involucramiento y compromiso personal en una relación que sobrepasa los límites de la ley. El amor conyugal a menudo se relaciona con *hesed*. Oseas habla del amor divino en términos de amor conyugal. - Es posible identificar tres significados del vocablo, que siempre van juntos: «fuerza», «constancia» y «amor». - Es una de sus características más destacadas de Dios: Dios ofrece «misericordia» y «amor constante» a su pueblo tan necesitado de redención del pecado y liberación de sus enemigos y sus tribulaciones. - La totalidad de la historia de la relación de Dios con Israel en el pacto puede resumirse en términos de *hesed*.	«Dad gracias al Señor, porque es bueno, porque es eterna su **misericordia**» (*Sal* 136). «El Señor pasó delante de él proclamando: –Señor, Señor, Dios compasivo y **misericordioso**, lento a la cólera y rico en **misericordia** y fidelidad; que mantiene su misericordia por mil generaciones, que perdona la culpa, el delito y el pecado, pero nada deja impune pues castiga la culpa de los padres en los hijos y en los hijos de los hijos hasta la tercera y cuarta generación» (*Ex* 34, 6-7). «Quien quiera jactarse, que se jacte de esto: de tener inteligencia y conocerme, que Yo soy el Señor, que hago **misericordia**, juicio y justicia en la tierra, porque en esto me complazco –oráculo del Señor–» (*Jr* 9, 23). «Te desposaré conmigo para siempre, te desposaré conmigo en justicia y derecho, en amor y **misericordia**» (Se refiere a Israel) (*Os* 2, 21).

Los términos *hen (hanan)* y *hesed* nos hablan de la relación entre Dios y el hombre. El hombre experimenta, en su relación con Dios, su gracia y su favor continuos. Yahvé es un Dios que se excede en su actuación en favor de su pueblo, un pueblo que se sabe elegido y una y otra vez perdonado, salvado y favorecido. El Dios de la Alianza es un Dios abundante en *hesed*.

Podemos decir que, aunque en el Antiguo Testamento «la palabra "gracia" [en sentido estricto] no ha sido pronunciada, toda la teología de la gracia queda virtualmente revelada» (Rondet). «El Antiguo Testamento no responde explícitamente con la idea de gracia, el término le es desconocido, sin embargo, lo que en él se significará posteriormente –en san Pablo y en el lenguaje teológico– no es ignorado por la revelación veterotestamentaria» (Heinrich Gross). Este modo de actuar de Dios ante los hombres manifiesta en germen lo que en el Nuevo Testamento será la doctrina de la gracia.

2. La promesa de una Nueva Alianza

En la base de este modo de comportarse de Dios en relación con el hombre se halla la Alianza establecida con Israel. El pueblo de Israel fue descifrando la identidad de Dios, sus atributos y su voluntad, a partir de la experiencia y el concepto de *Alianza*. Yahvé es un Dios de misericordia constante, eterna y fiel, que perdona, salva y redime a su pueblo a pesar de su continua infidelidad, a pesar de sus traiciones a la Alianza. A lo largo del Antiguo Testamento, Dios va manifestando en qué consiste esta Alianza y al mismo tiempo va manifestándose a sí mismo; manifestación que revela de igual modo su voluntad salvífica universal, su designio eterno sobre todo hombre, sobre cada hombre.

La Alianza es anuncio y promesa de salvación, anuncio y promesa de gracia. En los elementos esenciales de esta Alianza *(be-*

rit), podemos desentrañar algunas de las notas de esta voluntad salvífica, de esta voluntad divina de gracia:

- Como base de la Alianza está la *elección libre (gratuita)* de Dios hacia el pueblo de Israel. Israel ha sido elegido por el Señor, por especial gracia, de un modo gratuito, libérrimamente. No en base al comportamiento del pueblo, sino con independencia de él. No en base a una especial virtud, sino en ausencia de toda ella. No en base a ningún mérito, sino de modo absolutamente inmerecido. La elección es, pues, un acto gracioso, de puro amor. «Porque tú eres un pueblo consagrado al Señor, tu Dios, a ti te ha elegido el Señor, tu Dios, para que seas el pueblo de su propiedad entre todos los pueblos que hay sobre la faz de la tierra» (*Dt* 7, 6-8). «El Señor se prendó de tus padres, amándolos y eligiendo a su descendencia, a vosotros, de entre todos los pueblos, hasta hoy mismo» (*Dt* 10, 15).

- Mediante la Alianza se establece un *vínculo especialísimo con Yahvé*, por el que el Señor se «compromete» a ser su liberador y su salvador, pero que llega hasta el nivel más íntimo del vínculo matrimonial. Mediante la alianza de Dios con Israel, Dios se compromete y se vincula en el desbordamiento de su *hesed*. «Te desposaré conmigo para siempre, te desposaré conmigo en justicia y derecho, en amor y misericordia *(hesed)*. Te desposaré conmigo en fidelidad, y conocerás al Señor» (*Os* 2, 21-22); «me comprometí contigo e hice alianza contigo, oráculo del Señor Dios, y llegaste a ser mía» (*Ez* 16, 8).

- Este vínculo entre Israel y Yahvé es *inalterable.* El propósito divino es absoluto, no depende de las contingencias históricas, de las respuestas y fidelidad del pueblo. Si la elección y la alianza se mantiene, no es porque Israel lo haya merecido –en realidad, ha sido infiel–, sino porque

Yahvé es fiel a sus promesas. La justicia de Dios no consiste tanto en el castigo del pecado, sino en la fidelidad a sus promesas. El pecado del pueblo no desalienta a Dios; al contrario, lo ratifica en su decisión. La iniciativa salvífica divina es gratuita; se ejerce desde la nada, como se había ejercido su iniciativa creadora. Dado que la Alianza ha nacido del amor, la traición no la cancelará; la fidelidad del esposo convertirá a la parte infiel, ganándola para una finalidad pareja a la divina.

- La elección tiene por objeto en un primer momento a Israel, pero en último término abarca la **humanidad entera**. El designio de salvación es universal. Israel es elegido en función de un designio universal de salvación; él es «el primogénito de Yahvé» (*Ex* 4, 22): por Abraham «se bendecirán todos los linajes de la tierra» (*Gn* 12, 3). En realidad, Dios crea para la salvación; la creación se realiza teniendo como horizonte la Alianza, que pactada en un primer momento con Israel, se promete a la humanidad entera. «Muy poco es que seas siervo mío para restaurar las tribus de Jacob y hacer volver a los supervivientes de Israel. Te he puesto para ser luz de las naciones, para que mi salvación alcance hasta los extremos de la tierra» (*Is* 49, 6).

- Ante las infidelidades del hombre, ante las rupturas continuas de la Alianza, Yahvé restablece su Alianza y promete una Nueva y Eterna Alianza. Dios mantiene sus promesas y es fiel a la alianza a pesar de que los hombres una y otra vez incumplan sus deberes. «Pero Yo todavía recordaré la alianza que hice contigo en los días de tu juventud y estableceré contigo una alianza eterna. (...) Yo estableceré mi alianza contigo y sabrás que Yo soy el Señor (...) cuando te haya perdonado todas las cosas que hiciste, oráculo del Señor Dios» (*Ez* 16, 60-63). Esta promesa de restablecimiento de la alianza conlleva un cambio del corazón: «Mirad que vienen días –oráculo del Señor– en que pactaré una nueva alianza con la casa de Israel y la casa de Judá. No será como la alianza que pacté con sus padres el día en que los tomé de la mano para sacarlos de la tierra de Egipto, porque ellos rompieron mi alianza, aunque Yo fuera su señor –oráculo del Señor–. Sino que esta será la alianza que pactaré con la casa de Israel después de aquellos días –oráculo del Señor–: pondré mi Ley en su pecho y la escribiré en su corazón, y Yo seré su Dios y ellos serán mi pueblo. Ya no tendrán que enseñar el uno a su prójimo y el otro a su hermano, diciendo: "Conoced al Señor", pues todos ellos me conocerán, desde el menor al mayor –oráculo del Señor–, porque habré perdonado su culpa y no me acordaré más de su pecado» (*Jr* 31, 31-34). De una alianza externa (la antigua), a una ***alianza interior*** (la nueva): de ley escrita en unas tablas, como algo exterior al hombre, a una ley interior, escrita en el corazón, por el espíritu de Yahvé. Lo que resulta de esta alianza nueva es «un corazón nuevo», no de piedra, sino de carne, animado por el espíritu de Yahvé y habilitado para cumplir los preceptos: «Rociaré sobre vosotros agua pura y quedaréis purificados de todas vuestras impurezas. De todos vuestros ídolos voy a purificaros. Os daré un corazón nuevo y pondré en vuestro interior un espíritu nuevo. Arrancaré de vuestra carne el corazón de piedra y os daré un corazón de carne. Pondré mi espíritu en vuestro interior y haré que caminéis según mis preceptos, y guardaréis y cumpliréis mis normas. Habitaréis en la tierra que di a vuestros padres. Vosotros seréis mi pueblo y Yo seré vuestro Dios. Os libraré de todas vuestras impurezas» (*Ez* 36, 25-29). El vínculo que Yahvé promete restablecer trasciende lo jurídico para situarse en la esfera de la relación interpersonal, de amigo, de esposo.

Podríamos decir que la Alianza es la «materialización» de la salvación en el Antiguo Testamento, en el sentido de que manifiesta, simboliza y sobre todo garantiza la salvación definitiva y, por tanto, la gracia. Como explica el teólogo y exégeta alemán, Heinrich Gross, «la historia de la salvación define el perfil adecuado de la doctrina de la gracia en el Antiguo Testamento. La gracia no es una expresión distinta de la salvación que Dios concede al hombre. El concepto veterotestamentario de gracia es tan complejo como el de salvación. A él pertenece, como elemento base, la ***elección,*** que de ningún modo puede ser fruto del hombre, pero que por otra parte está radicada en el hombre como imagen de Dios».

Nos toca estudiar la doctrina de la gracia en el Nuevo Testamento, como revelación, cumplimiento y realización definitiva de esas promesas.

B. La gracia en el Nuevo Testamento

Lo que en el Antiguo Testamento está latente, en el Nuevo está patente (cfr. *DV* 16). *Hen* y *hesed*, gracia y misericordia, el favor de Dios hacia el hombre, se nos manifiesta plenamente en el Nuevo Testamento: el amor anunciado y prometido por medio de la Alianza se hace carne en Cristo, Él es la mayor y única verdadera gracia dada por Dios al hombre. «Cristo y su obra son la gracia por excelencia, el máximo don o regalo que Dios podía hacer al hombre» (Ladaria).

¿Qué significación tiene la palabra gracia en cada uno de los libros del Nuevo Testamento? Iremos, muy brevemente, uno a uno. En los evangelios de **Mateo** y **Marcos** no aparece el vocablo «gracia» (χάρις [charis]), lo cual no significa que esta no esté presente en modo alguno, pues, como hemos dicho, en la medida en que hablan de Cristo, hablan de su gracia: Él es la gracia por excelencia. En el evangelio de **Lucas** aparece ocho veces. En algunas de ellas, el término gracia se emplea de un modo semejante al Antiguo Testamento, como favor de Dios, aunque con una significación especial, pues hace referencia a algo nuevo, al Espíritu Santo y sus dones. En la escena de la Anunciación, por ejemplo, María es llamada la «llena de gracia» pues Dios está con ella y el Espíritu Santo descenderá sobre ella (cfr. *Lc* 1, 26-33). En los **Hechos de los Apóstoles** aparece 17 veces, también como favor, pero con el sentido nuevo de la salvación obrada por Cristo: «creemos ser salvados por la gracia de Nuestro Señor Jesucristo» (*Hch* 15, 11). Pero donde «la teología bíblica de la gracia se apoya principalmente es en el **corpus paulino** y en el **corpus joánico**, en los cuales se recoge una experiencia humana del misterio de Cristo» (O'Callaghan, *Figli di Dio nel mondo,* p. 157).

1. San Pablo y la gracia

Nuestro gran protagonista es san Pablo. A él debemos la tremenda significación del término «gracia» y su posterior importancia en la doctrina católica. De sus epístolas extraeremos algunos datos sobre el vocablo *charis*, cuya interpretación puede ser bastante reveladora:

- En total, la palabra griega *charis* aparece más de 100 veces a lo largo de sus epístolas. Comparado con otros términos del vocabulario cristiano no menos importantes –como puede ser «salvación», que aparece 18 veces– y sobre todo comparado con el número de veces que aparece en el resto del Nuevo Testamento, la relevancia de la «gracia» en san Pablo salta a la vista.

- En todas y cada una de sus cartas, Pablo saluda y se despide deseando «gracia» a sus destinatarios. Con poquísimas variaciones, el saludo suele ser en los siguientes términos: «*gracia* y paz de Dios, nuestro Padre, y del Señor Jesucristo»; despidiéndose de igual modo: «la *gracia* del Señor Jesucristo esté con vuestro espíritu». Lo que una y otra vez desea san Pablo a los cristianos de las distintas comunidades es, fundamentalmente, la gracia de Dios, la gracia de Cristo. No cabe deseo más elevado y grande, pues no cabe don más grande. En este deseo de san Pablo se manifiesta el amor que tiene hacia sus hermanos, pues amarlos es desearles su bien y no hay bien más grande que uno pueda querer para quien ama que la gracia de Dios. Los judíos se deseaban paz, el cristiano se desea paz y gracia.

- El término *gracia* aparece en todas sus cartas siempre en singular y la mayoría de las veces precedido del artículo determinado «la» o posesivo «su». No se trata de «una» gracia, sino de «la» única gracia, de «su» gracia: de la gracia de Cristo. Esto es, cuando san Pablo habla de la gracia, no se está refiriendo a un don concreto, a un favor particular que uno pueda recibir de Dios, sino al único don, al único verdadero favor que es aquel que es fuente de todos los demás favores y dones y que los abarca a todos ellos: al don de Jesucristo y su salvación, al único evento salvador que se ha realizado en Jesús. Para Pablo la «gracia» es Jesús mismo en cuanto es el salvador del hombre.

En primera persona

Haciendo una lectura rápida de estos datos, parece que san Pablo parte de su **experiencia** personal, que desea transmitir y compartir con todas las iglesias y que expresa como el centro y núcleo del mensaje cristiano. La fuerza y la convicción con la que habla san Pablo no puede venir de lo oído a terceras personas, sino de su vivencia personal, de lo más profundo de su corazón. No parte de una teoría, de un descubrimiento intelectual o de un conocimiento meramente teórico. San Pablo parte de su experiencia real y transformadora de Cristo, de ese encuentro inesperado que hace virar su vida drásticamente: necesita contar lo que vive, y desea que eso mismo sea vivido por todos.

En este sentido, Pablo parece querer condensar toda su vivencia del misterio de Cristo con este término. La palabra *gracia* es la condensación de la profundidad, radicalidad, maravilla y verdad de la experiencia de Cristo, es expresión del impacto que Cristo ha tenido en su vida: es experiencia de que ha sido elegido personalmente por Cristo, (*1 Co* 15, 10 y *Ga* 1, 15), ha sido salvado por Él (*Ef* 2, 5-8), ha sido amado (*Ga* 2, 20), justificado (*Rm* 2, 24), llamado a la misión (*Rm* 15, 15; *Ef* 3, 1-8), transformado (*1 Tm* 1, 13), elevado a la condición de hijo (*Ga* 4, 7 y *Ef* 1, 6) … Todo eso es la gracia: toda esa vivencia personal de lo que Cristo ha obrado en él, toda esa experiencia de la vida de Cristo en él.

Recreados

En Pablo, con el término gracia se designa en general el acontecimiento salvador, por el que somos nada más y nada menos que recreados en Cristo. La gracia es una nueva creación, una recreación, el cristiano es un *hombre nuevo* (*Ef* 4, 24), *nueva criatura* (*Ga* 6, 15), es hijo de Dios por el Espíritu que habita en nosotros: «Pero al llegar la plenitud de los tiempos, envió Dios a su Hijo, nacido de mujer, nacido bajo la Ley, para redimir a los que estaban bajo la Ley, a fin de que recibiésemos la adopción de hijos. Y, puesto que sois hijos, Dios envió a nuestros corazones el Espíritu de su Hijo, que clama: "¡Abbá, Padre!". De manera que ya no eres siervo, sino hijo; y como eres hijo, también heredero por **gracia** de Dios» (*Ga* 4, 4-7).

El modo divino: 100% gratis

¿Por qué con esta palabra y no con otra? Habría que preguntárselo a él –esperaremos al Cielo entonces–, pero que sea la *gracia de Cristo* lo que se admira, agradece y desea pone de manifiesto un aspecto fundamental de este don, que es lo que le caracteriza en sentido formal, esto es, de qué modo se nos da: este don de Dios nos es concedido en Cristo por el Espíritu Santo de un modo absolutamente gratuito. Sin mérito alguno, sin contraprestación, sin precio, gratis. No al modo *Black Friday,* todo al 50%, o al modo *oulet* todo al 70%: al modo divino, todo 100% gratis. «En la vida, nada es gratis. Todo se paga. Solo hay una cosa gratis: el amor de Jesús» (Papa Francisco, *Vigilia oración JMJ Lisboa,* 5 agosto 2023). El término «gracia» es, por ello, más que apropiado para designar el don de la salvación, pues hace referencia directa a su **gratuidad**, que es el *modo* en que se nos da y el *motivo:* por puro amor. Esta gratuidad de la salvación, que es su dimensión formal, es al mismo tiempo «un elemento que no puede separarse nunca de sus contenidos materiales; pero, a la vez, todos estos no pueden ser comprendidos, si se prescinde de esta dimensión de don gratuito que los caracteriza. Por ello al concepto de gracia se une el de fe, y ambos se oponen a las obras, que, en cuanto implican la autoafirmación del hombre, no son medio adecuado para alcanzar la salvación; esta no puede conseguirse más que aceptándola como regalo, favor gratuito de Dios» (Ladaria). Solo podré ser salvado si soy salvado «gratis», esto es, con independencia de mis obras. En cierto sentido, la gratuidad es también esencial y no solo formal. Pablo tiene muy claro que se trata de un don en absoluto: la salvación no depende de mí, no depende de mis obras, la gracia es lo único necesario para la salvación. En los escritos paulinos se subraya en muchos momentos el carácter gratuito de la salvación que el amor de Dios nos ha concedido. Por este motivo. san Pablo, queriendo dejar muy clara esta idea, contrapone una y otra vez «gracia» y «obras»: «si es por gracia, no es por las obras, porque entonces la gracia ya no sería gracia» (*Rm* 11, 6). (Para aclarar este tema: capítulo 5, punto 2).

2. La vida eterna en san Juan

En el corpus joánico, la palabra *gracia* solo aparece tres veces en el prólogo (*Jn* 1, 1-18) y una en su segunda carta (*2 Jn* 1, 3), pero la riqueza y la profundidad de la idea de la salvación que tiene Juan se recoge en otra expresión: vida eterna. Esto es, el término equivalente en san Juan para hablar de gracia es *vida eterna*. Esta expresión aparece 66 veces y, al igual que en san Pablo, su profundidad teológica como condensación del misterio es fascinante. San Juan, en Cristo, ha conocido el amor que Dios nos tiene (cfr. *1 Jn* 4, 16), un amor que, como a Pablo, le ha impactado profundamente, pues es consciente de que en él ha recibido la misma vida divina.

Para san Juan, la riqueza de la vida divina que está en plenitud en el Logos se nos comunica a los hombres por su **Encarnación**, que es manifestación del amor de Dios a los hombres: «Tanto amó Dios al mundo, que le entregó a su Hijo Unigénito, para que todo el que cree en él no perezca, sino que tenga *vida eterna*» (*Jn* 3, 16). La gracia (la vida divina) va esencialmente unida a Cristo y la acogida de esa nueva vida requiere **fe** en Él (cfr. *Jn* 3, 36 y 5, 24). Quien le acoge, recibe sus dones: su luz (el don de ver a Dios), su vida (la nueva vida, la vida eterna) y el agua viva del Espíritu.

La esencia de esa nueva vida es la **filiación divina** («pero a cuantos le recibieron les dio la potestad de ser hijos de Dios», *Jn* 1, 12) y se manifiesta necesariamente en **obras de caridad** («Queridísimos: amémonos unos a otros, porque el amor procede de Dios, y todo el que ama ha nacido de Dios, y conoce a Dios», *1 Jn* 4, 7).

Concluyendo...

Después de este rápido estudio escriturístico de la palabra «gracia», podemos vislumbrar un poco más su densidad. La misma que posee el acontecimiento gratuito de la salvación escatológica en Jesucristo, cuyo fruto es la posibilidad de autocomunicación de Dios Uno y Trino al hombre, pobre criatura, que es ahora partícipe de la misma vida de Cristo. Casi nada. Es mucho más de lo que podemos pensar: bien infinito, incalculable, incontable, eterno. Es el amor de Dios en acto. Amor otorgado gratuita y definitivamente, amor disponible, accesible, aplicable. Siempre Dependiente no de la actuación humana, solo de su acogida y aceptación. Nunca como premio, nunca merecido, nunca alcanzable o inalcanzable por mí mismo. Siempre gratis.

Es impresionante que una sola palabra pueda contener semejante carga semántica, semejante peso en tan poco volumen. Semejante densidad.

Resumen

● El misterio de la gracia tiene su base y fundamento en la Sagrada Escritura. El estudio escriturístico de la gracia nos revela que, en sentido amplio, la noción de gracia como amor inmerecido de Dios hacia el hombre atraviesa toda la Sagrada Escritura; y en sentido estricto, es un término que, partiendo de un significado básico, se ha ido enriqueciendo hasta llegar a contener una carga semántica tremendamente potente y que hace referencia a la única y definitiva «gracia» de Cristo.

● La gracia en el ANTIGUO TESTAMENTO:

  – En el Antiguo Testamento, los términos **hen** (gracia), **hesed** (misericordia) y **hanan** (compadecerse) expresan la relación de Dios con el pueblo y, aunque solo uno de ellos haya sido traducido como «gracia», los tres remiten a la noción de gracia.

  – La **Alianza** es anuncio y promesa de salvación, anuncio y promesa de gracia. En los elementos esenciales de esta Alianza podemos desentrañar algunas de las notas de esta voluntad salvífica, de esta voluntad divina de gracia. La Alianza de Dios con su pueblo implica una **elección** libre y gratuita por parte de Dios, que quiere establecer un **vínculo** de amor especialísimo e **inalterable** con su pueblo y que, si en un principio alcanza solo a Israel, está llamado a alcanzar a la **humanidad entera.** Si bien esa Alianza es, en principio, exterior, Yahvé promete que la Alianza nueva y eterna con su pueblo será una alianza **interior**, de relación personal y amorosa.

- La gracia en el NUEVO TESTAMENTO:

  – En el Nuevo Testamento, el amor anunciado y prometido por medio de la Alianza se hace carne en Cristo. Él es la mayor y única verdadera gracia dada por Dios al hombre.

  – En el evangelio de Lucas, la palabra «gracia» tiene el significado veterotestamentario de *favor de Dios*, y en los Hechos de los Apóstoles adquiere el sentido nuevo de la salvación obrada por Cristo.

  – Es a **san Pablo** a quien debemos la significación que tiene la palabra gracia en la doctrina católica. El término *charis* aparece más de 100 veces, y siempre referida a la gracia de Cristo, entendida como el don de la salvación. Pablo condensa toda su vivencia del misterio de Cristo en este término, con el que designa en general el acontecimiento salvador, por el que somos recreados en Cristo, resaltando siempre el carácter gratuito de esta salvación, que no depende de uno mismo, sino exclusivamente del amor de Dios.

  – En **san Juan**, el término equivalente para hablar de gracia es *vida eterna*, la riqueza de la vida divina que se nos comunica a los hombres en la Encarnación del Logos, que requiere la fe para ser acogida, cuyo contenido es la filiación divina, y que se manifiesta en obras de caridad.

Capítulo 4

A pesar de los pesares

1. Introducción al estudio histórico

Pasamos a la historia. Puede parecer inútil un estudio histórico sobre la doctrina de la gracia. ¿De qué me sirve conocer los avatares que en la historia de la Iglesia ha sufrido el estudio y la concepción de la gracia? Por si te animas a leer este epígrafe y sin ánimo de ser exhaustivo, te dejo aquí algunas de las «ventajas» de estudiar historia, y en concreto, historia de la doctrina sobre la gracia:

- La Iglesia, a lo largo de su historia, ha ido profundizando en la comprensión del misterio. En Cristo, plenitud de la revelación, se nos ha dado a conocer toda la verdad íntima acerca de Dios y de la salvación del hombre (*DV* 2); revelación que nos ha sido fielmente transmitida mediante la Sagrada Escritura y la Tradición y cuya interpretación solo compete al Magisterio. Al mismo tiempo, la Iglesia, con la asistencia del Espíritu Santo, progresa en la comprensión de esa revelación que ha recibido plenamente y que tiene la misión de anunciar. «La Iglesia, en el decurso de los siglos, tiende constantemente a la plenitud de la verdad divina» (*DV* 8). La historia de la doctrina de la gracia, aun con sus luces y sus sombras, muestra este camino de profundización en la compresión y predicación del don de la gracia. Si trazáramos un gráfico en el que se reflejara la evolución en la comprensión del misterio, la línea subiría y bajaría, parece que hay momentos de progreso, crecimiento, momentos álgidos, de luz, junto con otros de decrecimiento, crisis, decadencia y oscuridad. Pero la línea de tendencia sería siempre creciente: el Espíritu Santo conduce a la Iglesia y guía la historia.

- Todo acercamiento a la historia de la Iglesia y de la teología manifiesta cómo Dios es un Dios providente que se sirve de los errores humanos para sacar mayores bienes, para, como ya hemos dicho, guiar a su Iglesia hasta la verdad plena y para purificarla. En nuestro caso, estudiaremos cómo las herejías han sido ocasión de profundización en el misterio de la gracia. En realidad, nunca podríamos llegar a representar ese gráfico pues, muchas de las veces, nos es desconocido el modo en el que Dios saca bienes mayores de los males. Otras veces, hay que esperar años para verlos. Lo que está claro es que, a pesar de los pesares –a pesar de los pecados de nuestros antepasados y de los nuestros– (cfr. San Josemaría, *Es Cristo que pasa*, 131), a Dios no se le escapa nada: *omnia in bonum*, todo es para bien (cfr. *Rm* 8, 28).

- Una tercera razón, un poco más existencial, es que el estudio de la historia de la gracia nos previene a nosotros mismos frente a los errores de interpretación que en uno u otro momento se han podido cometer y en los cuales todos podemos caer. Cada uno, según su modo de ser, su educación o su momento vital, puede llegar a caer en cierto gnosticismo, pelagianismo o luteranismo. Quizá este capítulo te ayude a detectar algún –ismo dominante en tu vida y, sobre todo, a conocer más en profundidad el verdadero cristianismo.

2. Los padres griegos y la divinización
Primeros siglos

S. II y III. La herejía gnóstica, San Ireneo de Lyon y Clemente de Alejandría

El Imperic Romano se extiende desde Asia Menor hasta Hispania. Nos situamos en la parte oriental del Imperio, lo que, con la caída del Imperio Romano de Occidente en el 476 d.C. se conocerá como Imperio Bizantino y que abarca, *grosso* modo, la actual Grecia, Turquía, Egipto, además de Bulgaria, Rumanía, Jerusalén, parte de Siria, del Líbano... La lengua vehicular es el griego. Desde Alejandría, ciudad egipcia, se difunde por todo el Imperio la herejía gnóstica, el **gnosticismo**, que considera que la salvación está reservada a unos pocos, los *pneumatikoí*, los espirituales (*pneuma* es espíritu en griego), frente a los *naturales,* que viven una vida puramente material. Solo los *pneumatikoí* reciben la gracia, solo ellos se salvan. La salvación consiste en la *gnosis*, (γνῶσις [gnosis] conocimiento), la ascensión mediante el conocimiento hasta la divinidad. Es una herejía "intelectualista" y "espiritualista" que considera la materia y la carne como algo negativo y corruptible y la salvación, como algo meramente intelectual. Frente al gnosticismo, los Padres de la Iglesia y los autores eclesiásticos desarrollan una gnosis cristiana, que dará lugar a la **doctrina de la divinización** (cfr. O'Callaghan, ídem, p. 190).

Como gran protagonista en la lucha contra el gnosticismo se encuentra **san Ireneo de Lyon**. Murió en Lyon (ca. 200), se piensa que fue enviado a la Galia por su maestro, san Policarpo, para predicar allí, pero había nacido en Esmirna (Asia Menor, la actual Turquía) en torno al año 130. A él debemos la genial ideal del «admirable intercambio»: Dios se ha hecho hombre para que el hombre se hiciera dios. «El Hijo de Dios se hizo hombre, para que el hombre, unido al Verbo de Dios y recibiendo la adopción, se hiciera hijo de Dios. Porque, ¿de qué manera podríamos unirnos a la incorrupción y a la inmortalidad si antes la incorrupción y la inmortalidad no se hubieran hecho lo que somos nosotros?». Y también: «¿Cómo puede el hombre llegar a ser Dios si Dios no se hace hombre?» *(Adv Haer.)*. El fundamento escriturístico del admirable intercambio lo halla san Ireneo en el salmo 82, 6: «Yo os digo: "Vosotros sois dioses, todos vosotros, hijos del Altísimo"», que el santo relaciona con la adopción filial paulina. Mediante la Encarnación del Verbo, Aquel que era Hijo de Dios por naturaleza se ha hecho hombre para hacernos hijos por adopción. La Encarnación ocupa un lugar central en la teología de san Ireneo, fundamentando el valor tremendamente positivo del mundo creado y de la realidad material, y sobre todo, la maravilla de nuestra filiación adoptiva.

Aunque la doctrina de la divinización está contenida en la teología de san Ireneo, el término se lo debemos a **Clemente de Alejandría** (a pesar del nombre, él tampoco nació en Alejandría, sino en Atenas, en torno al año 150, y murió en Jerusalén en el 215). Divinización es la traducción de la palabra griega *theosis*. «Él (Jesús) nos ha hecho la gracia de la herencia paterna, grande, divina y que no se pierde, *divinizando* al hombre por una enseñanza celeste». Para Clemente, la divinización es tan real que «el hombre en el que inhabita el Verbo no varía ni finge, porque tiene la forma del Verbo, se asemeja a Dios; es hermoso; no aparenta ser hermoso; su belleza es verdadera, porque es Dios; es hecho Dios aquel hombre porque quiere lo mismo que Dios» *(Paed. III*, 1, 1, 5).

Aunque el gnosticismo como herejía se dio en los siglos II y III, ninguno estamos exentos de caer en un cierto gnosticismo, cuando consideramos, de un modo u otro, que la salvación es fruto de nuestros conocimientos sobre la fe o de nuestra comprensión de los misterios. El Papa Francisco nos previene frente a esta «ideología» que «exalta indebidamente el conocimiento» y que puede darse cuando se «juzga a los demás según la capacidad que tengan de comprender la profundidad de determinadas doctrinas», o cuando consideramos que nuestra «visión de la realidad es la perfección», o cuando creemos que, «porque sabemos algo o podemos explicarlo con una determinada lógica, ya somos santos, perfectos, mejores que "masa ignorante"». En definitiva, cuando caemos en la tentación de «convertir la experiencia cristiana en un conjunto de elucubraciones mentales que terminan alejándonos de la frescura del Evangelio». En realidad, aquello que llegamos a comprender a través de la inteligencia «debería ser siempre una motivación para responder mejor al amor de Dios, porque "se aprende para vivir: teología y santidad son un binomio inseparable"». (Papa Francisco, *Gaudate et Exultate,* nn. 36-46).

S. IV. San Atanasio y el arrianismo

Seguimos en Oriente. Arrio es un presbítero que predica una doctrina dualista (como el gnosticismo): en un extremo está la materia y en el otro, el espíritu. El Logos se halla entre ambos extremos, entre la esfera divina y la materia, a modo del demiurgo platónico. La materia no puede ser divinizada, porque de por sí es corruptible y, en consecuencia, Cristo ha de ser inferior al Padre, divinidad suprema. En este caso, lo que está en juego es nada más y nada menos que la mismísima divinidad de Cristo.

Frente a Arrio, **san Atanasio** defiende la plena divinidad de Cristo. Nació en Alejandría alrededor del año 296, fue Patriarca de esa misma ciudad, donde falleció en el año 373. Es uno de los grandes protagonistas del primer Concilio Ecuménico, el **Concilio de Nicea (325),** donde se declara la divinidad del Verbo en el símbolo niceno (fórmula de fe). Frente a Arrio, san Atanasio afirma que el Verbo es *consustancial* al Padre (de la misma sustancia, hoy decimos en el credo «de la misma naturaleza del Padre»). Y precisamente porque es Dios, Cristo puede salvarnos, puede divinizarnos. La consecuencia antropológica de la divinidad de Cristo es la misma: la divinización del hombre. «El Verbo se ha hecho hombre por nosotros para que nosotros fuéramos hechos Dios» *(Adv. Arianos)*, «se ha hecho humano para que pudiéramos ser hechos divinos» *(De Incar.)*, pues «si el Hijo fuese una criatura, el hombre habría permanecido puramente mortal y nunca habría sido unido con Dios; porque una criatura no puede haber unido otras criaturas con el Creador».

En los Padres griegos, los términos divinización, adopción filial y plena imagen y semejanza con el Verbo coinciden. «Somos hijos pero no como el Hijo, somos dioses, pero no como Él lo es» (S. Atanasio, *Adv. Arianos*, 3, 20).

Otras herejías

En los primeros siglos del cristianismo, el esfuerzo intelectual que llevaron a cabo los Padres de la Iglesia para combatir las herejías y errores que iban surgiendo dio lugar a profundizaciones y aclaraciones sobre los dogmas trinitarios y cristológicos, que cristalizaron en las declaraciones derivadas de los cuatro primeros Concilios ecuménicos: el Concilio de Nicea (325), el Concilio de Calcedonia (381), el Concilio de Éfeso (431) y el Concilio de Constantinopla I (451). El *docetismo*, al contrario que el *arrianismo*, negaba la plena humanidad de Cristo; el *macedonismo,* por su parte, negaba la divinidad del Espíritu Santo; el *monarquianismo*, el dogma de la Trinidad... El desarrollo de los dogmas cristológicos y trinitarios conllevó a su vez una profundización en las doctrinas soteriológicas (sobre la salvación del hombre) y antropológicas. La negación, tanto de la verdadera Humanidad de Cristo, como de su plena divinidad (*docetismo* y *arrianismo,* respectivamente), implican la negación de la redención y santificación del hombre. Nuestra filiación adoptiva, nuestra condición de «hijos en el Hijo» es solo posible si Jesús es verdadero Dios y verdadero Hombre. Porque, como explican **san Cirilo de Jerusalén** y **san Gregorio Nacianceno**, *quod non est assumptum, non est sanatum*, para que el hombre entero pudiera ser salvado, la entera (perfecta) humanidad debía ser asumida (cfr. San Cirilo de Alejandría, *Lib. 7-8 frag. In Joan*. y S. Gregorio Nacianceno, *Ep. 101 ad Cledon.*).

Asimismo, la negación de la divinidad del Espíritu Santo *(macedonismo)* supone la imposibilidad de la filiación adoptiva, de la salvación del hombre, pues si llegamos a ser hijos de Dios, es en virtud del Espíritu Santo, que vive en nosotros. Solo si el Espíritu Santo habita verdaderamente en nosotros, somos santificados, divinizados. **San Basilio** (330-379, Cesarea, Capadocia, en Turquía), dice que el cristiano, por obra del Espíritu Santo, «habita en Dios, ha sido hecho como Dios, se convierte en Dios».

Ciertamente, las doctrinas trinitaria y cristológica van de la mano de la antropología: la visión y comprensión que se tenga del Dios Uno y Trino y del Dios hecho Hombre determina radicalmente la visión acerca de la persona, tanto de su origen y fin como de su esencia y verdad última. Como explica Ladaria, «existe en nuestra divinización un "dinamismo trinitario". Empieza este con el movimiento de descenso del Padre, que envía al Hijo y con este al Espíritu Santo, y sigue en el movimiento de "ascenso" del hombre que, en virtud del Espíritu dado por Jesús, se une a este para dirigirse al Padre». Por otro lado, esta divinización no es sino la plena humanización del hombre. Para los Padres, la divinización del hombre es la realización de su vocación definitiva. «La "deificación" entendida correctamente hace al hombre perfectamente humano: la deificación es la verdadera y última "humanización" del hombre» (*Comisión Teológica Internacional*, 1982).

3. Pelagio y San Agustín
La controversia pelagiana

Nos trasladamos al **Imperio Romano de Occidente.** Lengua: latín. Pelagio fue un monje británico nacido a mediados del **s. IV**, y que, en torno al año 380, se trasladó a Roma, donde empezó a predicar una doctrina heterodoxa sobre la gracia y la moral cristianas. Podemos resumir la **doctrina pelagiana** en estos puntos:

- Pelagio quiere combatir el maniqueísmo (doctrina religiosa dualista que, una vez más, niega la bondad de la creación), por lo que se centra en afirmar la bondad de todo lo creado por Dios, en especial, de la naturaleza humana. En ese excesivo énfasis, llega a afirmar que el hombre tiene a su disposición actuar bien siempre que quiera, subrayando en demasía la bondad y posibilidades de la capacidad y libertad humana para el bien, negando la herida en la naturaleza fruto del pecado original.

- El pecado original queda reducido a un mal ejemplo de nuestros primeros padres, y el pecado personal es cometido bajo la exclusiva responsabilidad personal, sin que haya ninguna conexión entre el pecado de nuestros primeros padres y el nuestro, pues no nacemos en pecado y el hombre tiene siempre la posibilidad de no pecar (impecabilidad del hombre).

- Considera como gracia exclusivamente los dones de la creación (la naturaleza y la libertad humanas), y a lo sumo la considera como un mero auxilio externo para obrar todavía *mejor*, a ejemplo de Cristo.

- En resumen, Pelagio no contempla al hombre desde la luz de Cristo, este solo es un simple modelo a seguir. No aparecen en sus escritos referencias a nuestra creación, existencia y realización en Cristo, a la vida del cristiano en Cristo, a la obra de la salvación y la gracia como la salvación misma.

Frente a estos reduccionismos y visiones erróneas del hombre, del pecado, de la gracia y, sobre todo, de Cristo –Pelagio pretende un cristianismo sin Cristo–, se alza **san Agustín de Hipona**, conocido precisamente como *doctor gratiae,* el doctor de la gracia. Nació en Tagaste (en la actual Argelia), en el año 354. Su vida es apasionante, se convirtió a los 33, tras años de disipación y ávida búsqueda, que le llevaron desde el maniqueísmo hasta el cristianismo. Fue obispo de Hipona, donde murió en el año 430. Sus escritos están marcados por su fuerte experiencia de la gracia (y del pecado) y por su lucha contra el pelagianismo, y han influido notablemente en toda la teología occidental. Precisamente desde san Agustín, la gracia adquiere carácter de cuerpo independiente en la teología.

La controversia pelagiana se extendió entre los años 390 y 418, cuando el **XV Concilio de Cartago (418)** recogió la doctrina agustiniana sobre el pecado y la gracia y censuró a Pelagio. Sintetizaremos su doctrina en cinco puntos:

1. Desde el acontecimiento salvífico de Cristo, Agustín deduce la **pecaminosidad del hombre.** Si Cristo ha muerto por todos, significa que todos somos pecadores; hay dos linajes: el de Adán, del que recibimos el pecado original, y el de Cristo, del que recibimos la gracia. La naturaleza actual está herida y necesita ser sanada por Cristo. «La naturaleza del hombre fue al principio creada inocente y sin vicio alguno, pero la actual del hombre, con la que cada uno nace de Adán, necesita médico, porque no está sana» (*Sobre la naturaleza y la gracia*, 3). Para él, la pecaminosidad del hombre antes del Bautismo es radical, el hombre está profundamente herido y no puede no pecar si no es por la gracia.

2. **La justificación del hombre es solo fruto de la gracia**, de la salvación que nos viene de Cristo. «Si la justicia se logra con los esfuerzos de la naturaleza, entonces Cristo murió en vano, pero si no murió en vano, entonces nadie puede justificarse y ser redimido (...), sino por la fe y sacramento de la sangre de Cristo» (*Sobre la naturaleza y la gracia*, 2). La gracia es absolutamente necesaria para la salvación, porque la necesidad absoluta de la gracia no es sino expresión de la necesidad absoluta de Cristo.

3. Por la fe y el Bautismo, el Espíritu Santo –la caridad de Dios– se infunde en el alma y se nos concede una nueva vida, somos hijos de adopción por gracia y «Dios nos hace sus

amantes» (*Sobre el espíritu y la letra*, 32, 56). «Toda la Trinidad habita en nosotros» (*Sobre la Trinidad* XV, 18, 32) y «Dios quiere hacerte Dios, no por naturaleza, como Aquel que ha sido generado por Él, sino por gracia y adopción» (*Sermón* 166ª). San Agustín recoge la teología precedente y habla también del admirable intercambio, por el que somos constituidos hijos y recibimos el don del Espíritu Santo. Como san Pablo –de quien bebe abundantemente–, entiende la gracia como el amor de Dios en los corazones (cfr. *Rm* 5, 5).

4. Desarrolla abundantemente la dimensión de la **gracia como *auditorium*** (como ayuda o auxilio). El hombre solo puede obrar bien como fruto de la gracia. «No puedes hacer nada bueno si no eres iluminado por la luz de Dios, calentado por el Espíritu Santo». La gracia es *auditorium sine qua non*, ayuda sin la cual no puedes obrar bien. La ayuda de Dios es necesaria en todo momento y el mérito, por tanto, no es tal, porque todo lo recibimos de Él y nada es mérito nuestro: «Dios, cuando premia nuestros actos de caridad en el juicio final, corona sus propios dones» (*Ep. 194*, 5, 19).

5. ¿Cuál es en todo esto el papel de la libertad humana? «¿Destruimos el libre albedrío mediante la gracia? Al contrario, más bien lo establecemos» (*Sobre el espíritu y la letra*, 30, 52). Para Agustín, la libertad es potenciada por la gracia, pues facilita obrar el bien, que es lo propio del acto libre: la libertad plena consiste en no pecar. Por otro lado, la gracia respeta profundamente la libertad porque la gracia es el amor de Dios y el amor seduce al alma, es delicado, la gracia actúa con la «suavidad del amor» *(suavitas amoris)*. La gracia no violenta la libertad, porque está presente en el alma como un «deleite victorioso» *(delectatio victrix)*, contra la concupiscencia, que nos impulsa al mal. Es decir, la gracia es liberadora, pues libera de la esclavitud del pecado. La gracia y la libertad son, no solo compatibles, sino complementarias.

A pesar de que, como hemos visto, en san Agustín están presentes las visiones de la gracia de la teología anterior (la gracia como divinización, el admirable intercambio, la filiación adoptiva, etc.), se puede afirmar que, con él, se produce un cambio de perspectiva en la concepción de la gracia. Podemos destacar tres factores que condicionaron y marcaron las interpretaciones de la teología agustiniana posterior. Por un lado, su temperamento y su formación retórica, unido a su fuerte experiencia de conversión, le llevan a realizar grandes contrastes en sus afirmaciones, que han dado lugar a malinterpretaciones y reduccionismos posteriores. En segundo lugar, la teología sobre la gracia ulterior se ha centrado principalmente en sus obras polémicas, en las que, como es lógico, Agustín se centra en rebatir los errores pelagianos, y no en dar una visión amplia de la gracia, que sí aparece en sus obras dogmáticas. Por último, es cierto que algunas ideas agustinianas no fueron suficientemente desarrolladas por él mismo y presentan ciertos límites (en especial, la doctrina sobre la predestinación). Como consecuencia de todo lo anterior, en la teología occidental –no así en Oriente– se va a producir cierta pérdida de la perspectiva de la gracia como el acontecimiento global de la salvación, para centrarse en aspectos individuales de la misma. La noción de gracia se ve reducida a peculiaridades de la vida del hombre en Cristo: la gracia como ayuda para obrar bien y como medio necesario para la salvación. Asimismo, influenciados por un agustinismo que podemos llamar *desviado*, algunos autores llegaron a separarse de la doctrina católica (Lutero y Bayo, principalmente).

Un último apunte sobre las nuevas formas de pelagianismo, de las que nos habla también el Papa Francisco. Los pelagianos atribuyeron a la voluntad humana, al esfuerzo personal, el lugar que ha de ocupar el misterio y la gracia, olvidándose de que «todo depende no del querer o del correr, sino de la misericordia de Dios» (*Rm* 9, 16) y que «él nos amó primero» (*1 Jn* 4, 19) (cfr. Papa Francisco, *Gaudete et Exultate,* n. 48). «Todavía hay cristianos que se empeñan en seguir otro camino: el de la justificación por las propias fuerzas, el de la adoración de la voluntad humana y de la propia capacidad, que se traduce en una autocomplacencia egocéntrica y elitista privada del verdadero amor. Se manifiesta en muchas actitudes aparentemente distintas: la obsesión por la ley, la fascinación por mostrar conquistas sociales y políticas, la ostentación en el cuidado de la liturgia, de la doctrina y del prestigio de la Iglesia, la vanagloria ligada a la gestión de asuntos prácticos, el embeleso por las dinámicas de autoayuda y de realización autorreferencial. En esto algunos cristianos gastan sus energías y su tiempo, en lugar de dejarse llevar por el Espíritu en el camino del amor, de apasionarse por comunicar la hermosura y la alegría del Evangelio y de buscar a los perdidos en esas inmensas multitudes sedientas de Cristo» (Ídem, n. 57).

San Agustín pudo hacer frente de un modo tan claro y eficaz contra el pelagianismo porque vivía en la convicción profunda de que todo es gracia. «¿Qué tienes que no hayas recibido?» (*1 Co* 4, 7). «Sin mí no podéis hacer nada» (*Jn* 15, 5). Agustín era más que consciente de estas verdades contenidas en la Sagrada Escritura en las que apoya –entre otras– su persuasión de que Dios es siempre el primero. De que todo es gracia. Todo es gracia. Nos cuesta mucho, mucho, mucho aceptar esto. Nuestra tendencia pelagianista es patente. ¿Cuántas son las veces que, más o menos conscientemente, pensamos que la salvación depende de nosotros? Cuando considero que, si no hago esto, no «voy a alcanzar la santidad», olvidándome de que la santidad no se alcanza: se acoge, se recibe, se acepta, pues se nos concede siempre gratuitamente. Cuando considero que tal o cual persona está llena de unas virtudes que estimamos logradas exclusivamente por sus propios méritos, y no somos capaces de ver a Dios como origen de esos dones. Cuando considero que, para que Dios me conceda tal gracia, tengo que hacer previamente x, y o z, como si la gracia dependiera de mí, como si yo fuera causa de la gracia. Si, por gracia de Dios –siempre por gracia de Dios– no llego a ser pelagiano, podría llegar a caer, sin apenas percibirlo, en cierto semipelagianismo.

El **semipelagianismo** se dio también en el siglo V, en torno a algunos monasterios del sur de Francia, y postuló que, en lo referente a la gracia inicial, a la gracia de la conversión, está en manos de cada uno iniciar el primer movimiento hacia Dios, a partir del cual Dios derrama su gracia. Esto es, el protagonismo de nuevo lo tengo yo, pues yo, hombre, soy quien debo alzarme hacia Dios, para que Dios me conceda su gracia. Craso error. Dios es quien se ha abajado (*synkatábasis*, ¿lo recuerdas?) para elevar al hombre. El movimiento primero es siempre por parte de Dios. El primero, el segundo, el tercero... hasta el último. Dios *primerea* y acompaña hasta el final. El hombre responde a cada una de las intervenciones, actuaciones, iniciativas, *gracias* divinas. No es «libertad humana» o «gracia de Dios», sino: gracia de Dios (primero) y libertad humana. El hombre responde al *primereo* divino. Dios corteja. Uno escucha el cortejo o lo ignora. El ejercicio de la libertad no está tanto en la decisión cuanto en la libre acogida, en la cooperación. He de ser consciente de que, si he llegado a una determinada decisión, es porque previa y durante dicha determinación, la gracia me ha precedido y acompañado; por tanto, *strictu sensu*, yo he acogido esa gracia. Como se dice, he *correspondido*. He respondido con mi libertad. Pero la causa última de mi acción buena no está en mí, sino en Él. Así es: todo es gracia.

El semipelaginismo fue condenado en el **II Concilio de Orange (529)**, cuyos cánones recogen reiteradamente la necesidad absoluta de la gracia desde el primer instante. Afirma que solo en virtud de la gracia, por virtud del Espíritu Santo, se puede invocar la gracia misma y desear la purificación, que la necesidad de la gracia es total en todo momento pues no hay ningún bien de la naturaleza que nos puede obtener la salvación, y es Dios quien hace que obremos el bien; que el auxilio de Dios es necesario para todas las obras buenas realizadas una vez obtenida la justificación, para la perseverancia final, etc.

4. Santo Tomás de Aquino
El culmen de la Escolástica

Damos un salto en el tiempo de casi siete siglos. **S. XIII**, Baja Edad Media, Europa. Se conoce por **Escolástica** al movimiento intelectual –filosófico y teológico– desarrollado durante la Edad Media entre los siglos X y XV, gracias al desarrollo de las universidades y a la recepción de la filosofía aristotélica, que busca la explicación racional de la fe y se caracteriza por su sistematización y precisión conceptual. Partiendo de la Sagrada Escritura, de los Padres de la Iglesia y de san Agustín, la Escolástica va a tratar de fijar los conceptos fundamentales en torno a la gracia y de «profundizar en la ontología de la gracia, esto es, en el efecto de la gracia en aquellos que acogen el don divino (en la gracia creada). Los autores medievales, acogiendo el contenido fundamental de san Agustín, tratan de explicar mejor el realismo de la vida de la gracia presente en el hombre, explicando su integración en la naturaleza humana con ayudas de nuevas categorías filosóficas, especialmente las que provienen de Aristóteles» (O 'Callaghan, ídem, p. 229). Al mismo tiempo, se produce una cierta reducción metafísica de los problemas, dando lugar a una teología esencialista, que se pregunta y responde al qué, más que al para qué y a cómo (S. López Pérez).

El culmen de la escolástica es **santo Tomás de Aquino (1225-1274).** Santo Tomás aborda profundamente el tema de la gracia en diversas cuestiones de su Suma Teológica. Sintetizamos las ideas más innovadoras en cinco puntos:

1. Tomás de Aquino parte del fin del hombre –no del pecado, como lo hizo san Agustín– para explicar al hombre y la gracia. El fin último del hombre está en la comunión con Dios, en la visión beatífica. «La bienaventuranza última y perfecta solo puede estar en la visión de la esencia divina. (...) Se requiere, para una bienaventuranza perfecta, que el entendimiento alcance la esencia misma de la causa primera.

Y así tendrá su perfección mediante una **unión con Dios** como con su objeto, [esto es] en lo único en que **consiste la bienaventuranza** del hombre» (*ST* I-II, q. 3, a. 8). Este **fin** es **sobrenatural**, le excede, solo puede alcanzarlo si Dios mismo se lo concede, mediante el don de la gracia. El esquema que sigue santo Tomás es el modelo aristotélico del *exitus-reditus*: hemos salido de Dios (*exitus:* salida), y, por la gracia, volvemos a él (*reditus:* ingreso). Solo en virtud de la gracia, que nos eleva hasta Dios, podemos alcanzar nuestro fin último y la felicidad perfecta (bienaventuranza, como dice el santo): Dios mismo. En el hombre, por tanto, hay dos fines: el sobrenatural (Dios mismo), cuya posesión supone la felicidad perfecta del hombre, y el natural, que lo alcanza el hombre mediante el ejercicio de sus capacidades naturales, del conocimiento filosófico y de las virtudes humanas, pero no le aporta más que una felicidad imperfecta.

2. Entiende que la **naturaleza humana** está **herida** como consecuencia del pecado original, fruto del cual se produce un desorden en todas las potencias humanas (los cuatro *vulnera* o heridas, cfr. Capítulo 1, C), 1.1). El pecado original es «*cierta* **disposición desordenada** de la naturaleza misma, proveniente de la ruptura de aquella armonía constitutiva de la justicia original» (q. 82, a. 1). Santo Tomás repite que se trata de *cierta* inclinación, desorden, herida. *Cierta,* no total. En algo, no en todo. Tiene una visión positiva de la naturaleza humana, entiende que no está corrompida y, aun en nuestro estado de naturaleza caída, el hombre puede hacer obras buenas, conforme a su naturaleza, y puede alcanzar su fin natural. En lo que respecta al gobierno de mi vida –alcanzar mi fin–, ¿qué puedo y que no puedo sin la gracia?

–Puedo **conocer** las verdades fundamentales, pero no me es posible conocer todo el conjunto de verdades con certeza y sin error. Para ello es necesaria la gracia, pues la ignorancia, fruto del pecado, oscurece mi entendimiento.

–Tengo fuerzas suficientes para **obrar** bien conforme a mi naturaleza, aunque no me es posible sin la gracia vivir toda la ley natural, pues la malicia y la debilidad desordenan mi voluntad hacia el bien.

–Evidentemente, no puede alcanzar por sí mismo a Dios –su fin último–, si no es por su gracia. Ni conocerle ni amarle. «El entendimiento creado no puede ver a Dios en su esencia, a no ser que Dios, por su gracia, se una al entendimiento creado haciéndose inteligible».

3. Si el hombre puede recibir la gracia, es porque es capaz de Dios *(capax Dei)*. La criatura racional es capaz del conocimiento bienaventurado en cuanto que está hecha a imagen de Dios (*ST* III, q. 9, a. 2). El hombre posee una aptitud natural para conocer y amar a Dios (a la que llama ***potencia obediencial***), que es pura pasividad: puede acoger, recibir, aceptar la gracia.

4. Santo Tomás habla de la gracia de Dios como la «**ley nueva**» que «principalmente es la misma gracia del Espíritu Santo, que se da a los fieles de Cristo» (*ST* I-II, q. 106, a. 1). Santo Tomás concibe la gracia como el **motor interior** con el que Dios mueve la voluntad humana. No se trata de una ayuda externa, sino de la misma vida de Dios en mí.

5. Si hasta ahora la teología se había centrado en la gracia como *auditorium*, Tomás profundiza en la **gracia habitual o santificante.** Explica de qué modo Dios habita en el alma en gracia, y en qué sentido esta **inhabitación de la Trinidad** supone un nuevo modo de ser en el hombre, un hábito (qq. 38 a 43). La inhabitación es un modo especial de presencia de Dios «que corresponde a la criatura racional, en la que se dice que Dios se encuentra como lo conocido en quien conoce y lo amado en quien ama, y porque, co-

nociendo y amando, la criatura racional llega por su mismo obrar hasta el mismo Dios». Esto es mucho, lo abordaremos con calma en el siguiente capítulo.

La genialidad del fraile dominico es innegable. El modelo seguido y las cuestiones planteadas por santo Tomás van a marcar los tratados de la gracia, que, desde el s. XVI hasta el XX, seguirán sus esquemas, lenguaje y conceptos. Su teología de la gracia y su comprensión antropológica consigue engarzar magistralmente la teología de san Agustín y la filosofía aristotélica alcanzando un equilibrio entre lo natural y lo sobrenatural, entre la libertad y la gracia. La polémica pelagiana provocó una comprensión de ambas realidades en clave dialéctica, que es superada por santo Tomás. El binomio problemático "¿libertad humana o gracia de Dios?", que en cierto sentido es lo mismo que decir *"¿hombre o Dios, naturaleza o gracia?"*, deja de serlo, pues el santo consigue integrar ambos aspectos: la naturaleza está abierta y predispuesta a la gracia (potencia obediencial) y la gracia perfecciona la naturaleza. No es libertad *o* gracia, sino gracia y libertad (aunque no al mismo nivel, evidentemente). Los fines natural y sobrenatural no se contraponen, pues no se puede alcanzar este si no es desde aquel (no puedo alcanzar a Dios si no es desde mi verdad y bondad naturales), y al mismo tiempo solo en Dios mi naturaleza alcanza su plenitud. A modo gráfico, se puede comprender la relación entre ambas del siguiente modo:

NATURALEZA	GRACIA	GLORIA
La naturaleza sin la gracia puede alcanzar un nivel de perfección y felicidad.	La gracia perfecciona y eleva la naturaleza humana. Por la gracia alcanzamos al mismo Dios, felicidad del hombre.	La visión de Dios es la felicidad plena. La gracia es una incoación de la gloria; la gloria y la gracia son lo mismo en esencia pero distinto en grado.

El hombre sin la gracia puede alcanzar el fin natural, que es *cierta* perfección de la naturaleza y que supone *cierta* felicidad. Y el hombre, a partir de esa realidad natural y desde su libertad, con la gracia, puede alcanzar a Dios mismo, cuya gracia lleva a plenitud la naturaleza. Pero o van ambos en la misma dirección, o el hombre acoge a Dios en y desde su realidad imperfecta y limitada pero abierta al Creador, que es quien puede llevarla hasta el final, o no hay modo. Solo desde nuestro "sí", Dios puede hacer maravillas. En el capítulo 6 tendremos ocasión de profundizar algo más.

Solo en la gloria (el Cielo), que es la comunión plena con Dios, puede alcanzarse la plenitud de felicidad y perfección humanas. Pero la gracia y la gloria son lo mismo en esencia (la comunión con Dios), aunque distinto en grado.

5. Lutero y el Concilio de Trento
Reforma y Contrarreforma

S. XVI. La escolástica está en profunda decadencia, enquistada en discusiones estériles e irrelevantes. En lo que respecta al problemático binomio "libertad-gracia", el equilibrio teológico alcanzado por santo Tomás ha sufrido cierto deterioro con la irrupción del *voluntarismo* (Scoto) y del *nominalismo* (Ockham). A nivel moral, la Iglesia no se halla en su mejor momento en cuanto a «ejemplaridad» se refiere. La autoridad del Papado está resentida, como fruto, entre otras cosas, del cisma de Aviñón (1378-1417) y del *conciliarismo*. Desde hace varios decenios se oyen, en el interior de la Iglesia, gritos deseosos de una reforma en las costumbres y de la vivencia cristianas. En toda Europa, las diferencias sociales son grandes, pero en concreto en Alemania, las diferencias entre el clero noble y el clero humilde son especialmente escandalosas.

A lo anterior, se une el antirromanismo germano, la situación política de Alemania –que favorecerá la acogida y la expansión de las ideas reformadoras de Lutero, pues a los príncipes alemanes les convenía erigirse en cabezas de su propia iglesia frente al poder papal–, la invención de la imprenta, etc. En resumen, se dieron todos los ingredientes para que aquello explotara. Y explotó. Lo que en principio podía haber sido una necesaria reforma acabó en un cisma que dividió, no solo a la Iglesia, sino a Europa.

En este contexto eclesial, político y social –no demasiado alentador– surge la carismática y fascinante figura de **Martín Lutero (1483-1546).** Monje agustino alemán, con formación filosófica en el *nominalismo* y espiritual en el *misticismo alemán*. A nivel psicológico, tiende al escrúpulo. Su visión de Dios es más la de un juez severo que examina hasta el extremo los méritos del hombre, que la del Dios Misericordia. Hasta la experiencia de la torre (1513), Lutero sufre un auténtico drama personal, angustiado por la incertidumbre de si alcanzará la salvación. Es un hombre profundamente religioso, que desea calmar su conciencia y llegar a la seguridad de que la misericordia divina es más fuerte que su pecado. Vivía multiplicando sus mortificaciones, oraciones y demás acciones *buenas*, en aras de «asegurar» y «obligar» a Dios a derramar su gracia. En ese contexto de desazón interior, en 1513 experimenta cierta iluminación interior que le lleva a la interpretación de la expresión paulina «justicia de Dios» como la acción salvífica de Dios con la cual justifica gratuitamente al pecador. De la idea de la justicia de Dios como aquel atributo que le permite juzgar a cada uno según las obras –cosa que inquieta y atemoriza–, Lutero comprende que la justicia de Dios no es sino «aquella justicia con la que Dios nos justifica por la fe, por su gracia y pura misericordia» (M. Lutero, Prefacio a las obras latinas). «El justo vivirá de la fe» (*Rm* 1, 17) es interpretado por Lutero como *solo por la fe* en el sentido de que la justificación es solo obra de Dios, el hombre no ha de hacer nada para alcanzarla más que creer.

El punto de arranque del luteranismo sucede en 1517, a raíz de la predicación de las indulgencias en favor de la construcción de la Basílica de San Pedro. En Alemania, la predicación fue especialmente problemática, pues se llega a asegurar a los fieles la salvación sin arrepentimiento, solo con dar dinero. Ante esto, Lutero reacciona con las 95 tesis sobre las indulgencias. En 1521 fue excomulgado.

Esto supone simplificar demasiado, pero no podemos incluir aquí todos los factores, causas y acontecimientos que propiciaron y permitieron la génesis y posterior expansión del luteranismo. Si quieres, te dejo un artículo donde se explica más extensamente.

Lo que ahora nos interesa es destacar aquellas ideas luteranas que se van a desviar de la doctrina católica en lo referente al pecado, la gracia y la justificación, y cuál fue la respuesta de la Iglesia ante el cisma luterano. Podemos resumen los principales dogmas luteranos de este modo:

1. Lutero está convencido de que el hombre está radicalmente **corrompido por el pecado.** Ha llegado a esa conclusión a partir de su propia experiencia, pues en sí percibe siempre la tendencia al egoísmo, la concupiscencia. Confunde pecado y concupiscencia, que es esa tendencia a pecar, esa debilidad humana por la que el pecado se nos presenta atractivo, fácil y accesible, pero que no coincide con él, pues para que haya pecado ha de haber siempre voluntariedad actual y no solo tendencia.

2. La **libertad** ha sido destruida por el pecado, la voluntad es sierva *(servo arbitrio)* y el hombre no puede hacer nada ni para obtener la salvación ni para merecerla. Estamos interiormente coaccionados, no poseemos capacidad de autodeterminación hacia nuestro fin último, que es Dios, ni podemos ni siquiera disponernos a recibir o acoger la gracia. Ante la gracia, el hombre solo puede recibir como un mendigo, que abre las manos, pero la libertad no juega ningún papel en la justificación del pecador.

3. Dios es quien, gratuitamente y sin ninguna intervención humana, justifica al pecador. La **justificación** es el paso del pecado a la justicia, y es solo fruto de la fe, que es entendida en su aspecto de confianza ciega en Dios. El hombre confía en que los pecados no le serán imputados, en virtud de la Cruz de Cristo. Pero esa justificación no implica una purificación real del pecado del hombre, sino una declaración de que esos pecados no le serán atribuidos, no será declarado culpable de ellos. Se entiende la justificación como algo *extrínseco:* el hombre no es *materialmente* santificado –la gracia no supone un nuevo modo de ser, un hábito–, sino solo *formalmente* justificado –siempre va a ser pecador, pero por gracia y misericordia ese pecado no se le imputa–. Entiende Lutero que el hombre es *simul peccator et justus*, pecador y justo a la vez. «Pecador en realidad y de verdad, pero justo por imputación y promesa» (M. Lutero).

4. La **fe** para Lutero es la certeza de que Dios mira al pecador con misericordia, a pesar de su pecado. Es confiar solo en Dios y nada en uno mismo, solo y todo de la bondad de Dios. La fe es condición por la que se nos aplican los méritos de Cristo, es el acto por el que el hombre confía en que sus pecados no le serán imputados por los méritos de Cristo.

5. Las **obras** no tienen valor alguno, pero eso no quiere decir que no sean importantes, pues son manifestación de que estamos justificados.

Frente al luteranismo, la Iglesia se reúne en el **Concilio de Trento (1545-1563)**, cuyo fruto es, en lo que respecta a nuestro tema, el **Decreto** *De Iustificatione* (Decreto sobre la Justificación). El Concilio de Trento no persigue sino la salvaguarda de la doctrina, sin pretender en ningún caso condenar a los reformadores, sino clarificar los puntos que en ese momento están en entredicho, y que hasta ahora no habían sido fijados por el Magisterio. El Decreto sobre la Justificación recoge lo que de verdadero y bueno han puesto en alza los reformadores, haciendo los matices oportunos y condenando lo que concluye como erróneo. Asimismo, contiene las tres corrientes teológicas del momento, logrando unificarlas y armonizarlas: el agustinismo, el tomismo y el escotismo. Veamos algunas de las doctrinas tridentinas:

1. Ciertamente el hombre se encuentra en enemistad con Dios como consecuencia del pecado y por sí mismo no puede salir de esa situación. Pero la corrupción del hombre no es total, su libre albedrío está atenuado en sus fuerzas e inclinado al mal, pero no extinguido. La libertad está herida, pero la cooperación libre del hombre es del todo necesaria para alcanzar la justificación, pues el hombre puede siempre acogerla o rechazarla.

2. Junto a esta constatación de la libertad del hombre, el Concilio deja clara la primacía de la gracia en el proceso de justificación, pues «es por la gracia de Él que los *excita* y *ayuda* a convertirse, [para que] se dispongan a su propia justificación, asintiendo y cooperando libremente a la misma gracia, de suerte que, al tocar Dios el corazón del hombre por la iluminación del Espíritu Santo, ni puede decirse que el hombre mismo no hace nada en absoluto al recibir aquella inspiración, puesto que puede también rechazarla; ni tam-

poco, sin la gracia de Dios, puede moverse, por su libre voluntad, a ser justo delante de Él» (Cap. 5 del Decreto). La gracia excita, ayuda, toca el corazón, inspira y mueve a la conversión, la respuesta del hombre es, a su vez, un movimiento de acogida y aceptación de Dios y su gracia.

3. La doctrina sobre la justificación de Trento se analizará detenidamente en el punto segundo del siguiente capítulo, basta con decir aquí que el Concilio afirma la realidad de la justificación en el hombre y considera insuficiente la mera no-imputación del pecado. La gracia no es solo el favor de Dios, es también «inherente» al hombre, poniéndose de relieve el efecto real de la acción divina en mí. Dios no me dice que ese pecado no será tenido en cuenta, Dios me dice: ese pecado ha sido redimido y Yo mismo te santifico. Frente a la idea luterana de la justificación como algo extrínseco, Trento resalta que la justificación es una verdadera transformación interior.

Volviendo a Lutero, quizá su vivencia no nos es desconocida, y bien podría cualquiera de nosotros haber tenido sus mismas experiencias y legar a sus mismas conclusiones. Ciertamente es agotador, frustrante y muy desesperante poner todo el énfasis en el esfuerzo personal. Uno acaba rompiéndose por dentro. La primacía es siempre de la gracia. Siempre. Lutero parte de verdades, ciertamente –como se ha tratado de exponer–, pero es importante no perder de vista que han de ponerse en armonía con otras mismas verdades. Una vez más, el falso dilema entre libertad y gracia se vuelve incompatible. Ante la comprobación de la miseria personal, la tentación es la de *anularnos,* quitarnos del medio de todo, considerando que, como no podemos nada –cosa que es cierta–, no queda otra que amputar mi corrupta naturaleza, prescindir de su existencia. Pero la obra de Cristo en mi vida es, en realidad, aún más maravillosa que la mera no imputación de mi pecado: Cristo es Aquel que transfigura mi herida. Solo Él puede hacer que lo que era herida, fruto del pecado, se convierta en aquello que más claramente manifiesta su gloria. A través de mis heridas, como a través de sus llagas en su Cuerpo Glorioso, Él podrá hacer obras maravillosas, podrá verter los rayos de su gracia. Así, «la debilidad propia se hace cauce de la experiencia de un endiosamiento» (C. Villar, en *La verdadera noche es luz*).

Una alternativa a la desesperación frente a nuestra nada es el camino recorrido por santa Teresita de Liseaux: el camino de infancia espiritual. En él es evidente la primacía absoluta de la gracia, el dejar hacer y actuar a Dios, pero partiendo y asumiendo la pequeñez propia, desde ella. No arrancándola de cuajo, haciendo que no exista, sino al revés: esa misma pequeñez y miseria es precisamente un atajo, un camino privilegiado para que Dios se vuelque en nosotros, un atajo al Corazón de Dios, una verdadera seducción y atracción de la gracia divina. «¡Ah, Señor! Sé que no mandáis nunca la imposibilidad. Conocéis mejor que yo misma mi debilidad, mi imperfección. Sabéis bien que nunca podría amar a mis hermanos como vos les amáis, si Vos mismo, ¡oh mi Jesús!, no los amaseis también en mí. Porque queríais concederme esta gracia, disteis un mandamiento nuevo. ¡Oh, cuánto lo amo, pues me da la certeza de que Vos queréis amar en mí a todos los que mandáis amar»! (Santa Teresa de Lisieux, *Historia de un alma*).

6. Últimas notas históricas
De finales del s. XVI a mediados del s. XX

En la doctrina de la gracia, Trento supuso un gran avance en la clarificación y profundización en el misterio. La **teología de la Reforma católica** parte de las afirmaciones tridentinas y avanza en la explicación de la gracia. Sobre lo que no se pronunció el Concilio, y fue objeto de un apasionado y al mismo tiempo estéril debate teológico, fue sobre el modo concreto en que operan la libertad y la gracia en el proceso de justificación. En qué sentido y hasta qué punto se conjugan una y otra es algo que pertenece al misterio. O al menos eso nos enseña la historia, pues el intento de clarificación no llegó a ningún puerto. La conocida como **controversia** *de Auxiliis* (Universidad de Valladolid, 1582-1607) fue un enfrentamiento entre la escuela dominica y la escuela jesuítica sobre de qué manera se puede conjugar la eficacia y primacía de la gracia con la realidad de la libertad humana. El debate no llegó a conclusiones satisfactorias y requirió la intervención papal para ponerle fin.

Por otra parte, a pesar de la firmeza y claridad de las declaraciones del Concilio, en el mimo **siglo XVI** y el siguiente, la negación de la libertad en el proceso de justificación tuvo otros dos momentos de auge en el interior de la Iglesia con las doctrinas de **Miguel Bayo** (Lovaina, 1513-1589), primero, y **Cornelio Jansenio** (Utrech, 1585-1638).

En los **siglos XVII y XVIII** se produce un cierto estancamiento en la teología, que no hizo sino repetir las máximas del Concilio, con poca creatividad y sin ninguna aportación relevante. Por desgracia, uno de los aspectos negativos de la teología de la Contrarreforma fue el excesivo énfasis que se concedió a la gracia creada y, con ella, la pérdida de la visión global de la gracia como salvación. El riesgo del reduccionismo y de la cosificación de la gracia está siempre presente en nuestras vidas, por ello es importante no perder de vista esta idea fundamental: la gracia es, ante todo, la vida divina que se me derrama, Dios que quiere venir Él mismo a mi alma, con todos sus dones y bienes.

A finales del **s. XIX** y principios del **s. XX,** la teología va a experimentar una renovación gracias, entre otros factores, a la recuperación de la patrística (la teología de los Padres de la Iglesia) y al avance en la exégesis bíblica (ambas circunstancias se las debemos a los teólogos protestantes, dicho sea de paso). Aunque en ese siglo no parece que el pensamiento sobre la gracia de grandes teólogos como M. J. **Scheeben** (Alemania, 1835-888) influyera en la Iglesia universal de su tiempo, sus aportaciones darán fruto ya en el **s. XX**, en el que se aprecia una recuperación de la perspectiva de la gracia como la participación en el evento salvífico de Cristo y como divinización. Es cierto que el **Concilio Vaticano II (1962-1965)** no abordó el tema de la gracia "en solitario", pero en sus documentos se percibe esta nueva visión de la gracia en sentido amplio y en clave trinitaria. La antropología del Concilio contempla al hombre desde el designio eterno del Padre, desde nuestra predestinación en Cristo y nuestra cristificación por el Espíritu, de un modo destacado en la Constitución Pastoral *Gaudium et Spes.*

A modo de conclusión

A lo largo de la historia, se han ido planteando múltiples temas y polémicas, que han llevado a una profundización en el misterio de la gracia. Pero entre todos, quizá destaca la aparente incompatibilidad entre la gracia y la libertad. Ya se ve que no es nada fácil el tema. Lo fácil, de hecho, es caer en uno u otro extremo, inclinando la balanza hacia la importancia de nuestra acción, de nuestra libertad –como hizo Pelagio– o hacia la exclusiva y excluyente acción de Dios –al modo luterano, *bayanista* o *jansenista*–. Quizá ayude, una vez más, considerar las cosas «de tejas para arriba»: desde el Dios Uno y Trino y su plan, y no «de tejas para abajo»: desde mi maravillosa realidad y mi virtud (Pelagio) o desde mi mezquina realidad y mi pecado (Lutero). Considerar que Dios es Dios: Sabiduría y Amor en persona. La *Sabiduría* no se equivoca al crearnos libres y al llamarnos a la gloria. Y el *Amor* perdona todo pecado y no deja de amar. Si la Sabiduría nos ha creado a su imagen, significa, entre otras cosas, que la persona está llamada a la comunión con Dios, a ser amados por Él y a amarle eternamente. Pero amor sin libertad es una aporía. Si hablamos de amor, hablamos necesariamente de libertad. Por otro lado, no tendría sentido que Dios nos hubiera dejado libres para pecar –como así fue– y, en cambio, para reconciliarnos con Él y llevarnos a la gloria prescindiera de esa misma libertad. Dios respeta siempre su creación y a sus criaturas. Ha de respetar la estructura constitutiva del ser persona, nuestra libertad, pues así nos ha querido, así nos ha dado el ser y así nos lleva a Él. No cabe duda de que la libertad no puede "amputarse" sin más. Ahora bien, afirmar la libertad no significa ni mucho menos negar la perfecta y única eficacia del Misterio de Cristo como único medio y camino de salvación. La primacía y necesidad absoluta de la gracia es primacía y necesidad absoluta de la gracia. Si el hombre *ni siquiera* puede darse el ser, ¿cómo va a pretender él mismo *darse* la gloria? Solo el Amor puede perdonar todo pecado, solo el Amor no deja de amar a pesar del pecado y en el pecado, y solo el Amor nos llama continuamente al amor. Conclusión: afirmar la libertad no significa negar la Cruz de Cristo, y afirmar la necesidad y eficacia absoluta de la gracia no significa negar la libertad. Pero no intentemos descifrar exactamente cómo conjugarlos si no queremos acabar de nuevo en la "controversia *de Auxiliis* parte II: crónica de una muerte anunciada". Mejor dejamos la cuestión en manos del Corazón Misericordioso de Dios. El éxito está asegurado.

Resumen

- La historia de la doctrina de la gracia muestra un camino de profundización en la compresión y predicación del don de la gracia. Las herejías que han ido surgiendo en relación con la doctrina de la gracia han servido para penetrar el misterio y han supuesto un avance en su esclarecimiento.

- Los hitos fundamentales son:

  - S. II-III: el *gnosticismo* predica una salvación reservada a unos pocos, es una herejía intelectualista y espiritualista, que entiende la salvación como la elevación del intelecto hasta la divinidad. Frente a ello, los **Padres de la Iglesia** desarrollan la **doctrina de la divinización**. A san Ireneo de Lyon debemos la doctrina del «admirable intercambio»: Dios se ha hecho hombre para que el hombre se haga dios, pero es Clemente de Alejandría quien acuña el término «divinización».

  - S. IV. Frente al *arrianismo*, que niega la divinidad de Cristo, san Atanasio afirma que el Verbo es «consustancial» al Padre, y precisamente porque es Dios, puede salvarnos, puede divinizarnos.

  - S. IV-V: la **controversia pelagiana** (390-418). Pelagio predicaba la impecabilidad del hombre, la posibilidad del hombre de seguir el ejemplo de Cristo solo con sus propias fuerzas, negando la necesidad de la gracia y el don de la salvación. **San Agustín** combate esta herejía y desarrolla todo un cuerpo de doctrina sobre la gracia. Afirma la pecaminosidad del hombre y su justificación solo fruto de la gracia. Entiende que la gracia actúa con la suavidad del amor, y que no violenta la libertad, sino al contrario, la gracia es liberadora. Agustín desarrolla abundantemente la dimensión de la gracia como *auditorium* (ayuda o auxilio) y, aunque recoge también la doctrina de la divinización, desde ese momento, en la teología occidental, se va a producir cierta reducción de la noción de gracia.

- S. XIII: **Santo Tomás** logra engarzar magistralmente la doctrina agustiniana y la filosofía aristotélica, alcanzando un equilibrio entre lo natural y lo sobrenatural, entre naturaleza y gracia. Parte del fin último del hombre, que es la comunión con Dios, un fin que le excede y que solo puede ser alcanzado por la gracia. El hombre es capaz de Dios, y posee una aptitud natural para acoger la gracia. Aunque la naturaleza humana está herida por el pecado, no está corrompida, pudiendo alcanzar cierta perfección y felicidad por sí misma. Para la perfección y felicidad plena es necesaria la gracia divina, que es una nueva ley interior y que transforma al hombre haciéndole llegar por su mismo obrar hasta el mismo Dios. Así, la gracia santificante supone un nuevo modo de ser en el hombre.

- S. XVI. Uno de los puntos centrales del **luteranismo** es precisamente su concepción de la naturaleza humana, del pecado y de la gracia. M. Lutero está convencido de que el hombre está corrompido por el pecado, que ha destruido su libertad, sin que el hombre pueda hacer nada para alcanzar a Dios y su gracia. El concepto clave para él es el de justificación, que concibe como el paso del pecado a la justicia, y que no es otra cosa que la no imputación de este pecado, sin que haya una verdadera purificación interior. El hombre no es materialmente santificado, sino solo formalmente justificado por la fe, por la confianza ciega en que Dios no tiene en cuenta mi pecado. Frente al luteranismo, el Concilio de Trento (1545-1563), en el Decreto sobre la justificación, profundiza en los puntos puestos en duda por el reformador. Afirma que la corrupción del hombre no es total y, aunque la libertad está herida, la cooperación libre del hombre es necesaria para alcanzar la salvación, aunque deja siempre clara la primacía y necesidad absoluta de la gracia. Considera la justificación no solo como algo extrínseco, sino como una verdadera transformación interior.

– El siglo XVI termina todavía con dos herejías que niegan la libertad en el proceso de justificación *(jansenismo y bayanismo)* y con una controversia sobre el modo en que se conjuga la libertad y la gracia. En los siglos XVII y XVIII se produce un estancamiento de la teología, seguida de una renovación en los siglos XIX y XX, en los que se recupera una visión amplia de la gracia como participación en el evento salvífico de Cristo y como divinización. Renovación que es recogida por el Concilio Vaticano II.

En la siguiente página se resumen los hitos principales de la doctrina de la gracia.

SAN PABLO (5/10 - 67)
SAN JUAN (†C.104)

SAN IRENEO (C. 130 - 202)
**CLEMENTE DE ALEJANDRÍA
(C. 150 - 215)**

325
C. DE NICEA ● **SAN ATANASIO (C. 296 - 373)**
Condena arrianismo

418 **SAN AGUSTÍN (354 - 430)**
C. DE CARTAGO ● **PELAGIO (355 - 420)**
Condena
pelagianismo

529
II C. DE ORANGE ●
Condena
semipelagianismo

Gnosticismo

Arrianismo

Controversia
pelagiana
(390 -418)

Semipelagianismo

Patrística (s. II - s. VIII)

EDAD MEDIA
476
Caída de Imperio
Romano de
Occidente

a. 1000 ┼

Culmen de la Escolástica **SANTO TOMÁS DE AQUINO
(1225 - 1274)**

Decadencia de la
Escolástica

EDAD MODERNA
1492
Descubrimiento de
América

1521
Excomunión de Lutero **MARTIN LUTERO
(1483 - 1546)**

1545-1563 ●
C. DE TRENTO
1547 Decreto sobre el **M. Bayo (1513 - 1589)**
pecado original y **C. Jansenio (1585 - 1638)**
Decreto sobre la **Controversia de Auxiliis
justificación (1585 - 1683)**

Escolástica (s. XI - s. XV)

*Teología de la
Reforma católica (s. XVI)*

Luteranismo

EDAD
CONTEMPORÁNEA
1789
Revolución francesa

**M.J. SCHEEBEN
(1835 - 1888)**

1962 - 1965 ●
C. VATICANO II

*Debate o   Corriente
herejía   teológica*

Capítulo 5
Predilectos de Dios

Con tanto debate teológico hemos perdido un poco la perspectiva. Volvamos a lo importante. Lo admirable del designio de Dios. Lo inaudito del amor de Dios por nosotros. La maravilla de la gracia. La predilección de Dios por cada uno.

Predilecto: «del latín *prae-* "pre-" y *dilectus* "amado". Adjetivo. Preferido por amor o afecto *especial*» (*Diccionario de la Real Academia Española*). Etimológicamente, predilecto significa algo así como «el que es escogido, separado, amado por delante de cualquier otro». Amados con amor de predilección: con un amor que no tiene nada que ver con el amor con que es amado «el resto» de la creación, que le adelanta muy mucho. Soy preferido, amado antes y por delante, elegido entre «todo lo demás», predilecto. Así es el amor de Dios por cada hombre: por cada varón, por cada mujer que ha existido, existe y existirá. Por mí, también. Especialmente por mí. Tú puedes decir otro tanto. Tomás de Aquino habla de esta predilección cuando distingue «un doble amor de Dios a la criatura. Uno *común,* en cuanto ama todas las cosas que existen (...) por el que otorga a las cosas creadas su ser natural. Otro *especial*, por el que eleva la criatura racional sobre su condición natural haciéndola partícipe del bien divino. Y este es el amor con el que se puede decir que Dios *ama a alguien absolutamente*, porque en este caso Dios quiere *absolutamente* para la criatura el bien eterno, que es él mismo» (*ST* I-II, q. 110, a. 1). El amor de Dios por mí es *absoluto.* De un modo casi incuestionablemente, esa *predilección absoluta de Dios por mí* se me manifiesta en esto que dice Tomás de Aquino, en su voluntad eterna e incondicionada de hacerme partícipe de su propia vida. A lo largo de este capítulo desgranaremos en qué sentido para Dios soy su predilecto, por qué podemos decir que la gracia no es otra cosa que ese amor *especial* y *absoluto para mí.*

1. Mi principio y mi fin
Vocación sobrenatural

Supongo que más de una vez te habrás preguntado cuál es el fin último de tu vida. Todas las cosas tienen un fin, aquello que explica **el para qué** de su existencia, el por qué existen o han sido creados. Una mesa y un libro tienen un fin bien concreto y determinado, fines sencillos y claros. Por la necesidad de apoyar cosas fue fabricada la mesa y, en su función de apoyo, la mesa cumple su fin. Un árbol y el agua tienen fines más elevados que un bolígrafo o una fotografía, ser sustento y fuente de vida es más que servir para la escritura o para evocar un recuerdo. ¿Las personas podemos llegar a conocer el fin último de nuestra existencia? El motivo que ha movido a Dios a crearme ha de ser aquello que explique cuál es mi fin. Recuerdo aquí lo que explica santo Tomás, que en el hombre podemos distinguir dos fines: el fin natural y el fin sobrenatural. El fin natural es la perfección de sus capacidades naturales, mediante el trabajo, las relaciones, el ejercicio de las virtudes, etc. Podríamos pensar que, efectivamente, mi vida se explica, en último término, por aquello que puedo llegar a *hacer, lograr, conseguir, conocer o poseer.* Dios, entonces, me creó para que «hiciera algo». Lo que quiera. Podría ser. Pero quizá Dios no me ha creado para *hacer,* sino para *ser en plenitud.*

¿Qué nos dice la Sagrada Escritura sobre **el para qué** de mi vida? San Pablo nos desvela los planes divinos hacia mí, que sobrepasan muy mucho el *hacer, lograr, conseguir, conocer o poseer.* Su proyecto de gracia explica el para qué soy y existo, qué le ha movido a crearme y, por tanto, dónde hallar mi fin último, mi plenitud y felicidad. «A los que de antemano *eligió* también *predestinó* **para** *que* lleguen a ser conformes con la imagen de su Hijo, a fin de que él sea primogénito entre muchos hermanos. Y a los que predestinó también los *llamó*, y a los que llamó también los *justificó*, y a los que justificó también los *glorificó*» (*Rm* 8, 29-30).

Elegidos y predestinados en Cristo

«Llegar a ser conforme con la imagen del Hijo». Es este el fin último de mi vida, mi plenitud, la felicidad perfecta. Estamos hechos para la gloria, para gozar plenamente de la comunión filial con la Trinidad. El deseo del Padre, deseo que se halla en el origen de la creación del mundo y del hombre, es que seamos uno con Él. «En realidad, la vida de la gracia es aquello que el Creador tiene en mente desde el principio, su sueño escondido cuando pensaba en la creación del hombre como persona y en su libertad. En síntesis, el don de la gracia (...) confiere a la creación su sentido, resalta su destino último» (O'Callaghan, *Dio che ti anticipa*). El plan de Dios para mí es que llegue a ser su hijo amadísimo, para que, participando en la filiación del Hijo, pueda gozar con Él de la felicidad de la comunión con el Padre y con el Espíritu Santo. Hemos sido *elegidos* y *predestinados* en Cristo. En el capítulo 2º explicamos, a grandes rasgos, qué quiere decir que hayamos sido elegidos (creados) y predestinados en Cristo. Esto es: nuestro origen y nuestro fin es Cristo. Este es el fin que Dios ha pensado para mí. Pero soy libre. He de acogerlo.

Llamados en Cristo

«Y a los que predestinó también los llamó». Esta predestinación nuestra en Cristo se nos presenta a cada uno como posibilidad, como invitación a que así sea efectivamente en nuestra vida. El resto de seres, no poseyendo razón ni libertad, alcanzan su fin por inclinación natural. El manzano, en condiciones normales, va a dar manzanas. El hombre ha de adherirse libremente a su fin, pues, aunque se halle destinado y predispuesto a ello, no es automático, es necesaria la adhesión libre de la voluntad. El plan eterno de Dios se me comunica en forma de llamada, de vocación. Es la vocación que todos tenemos, por el hecho de ser persona, de llegar a ser otro Cristo. Si la predestinación es eterna (pues el designio de Dios está fuera de todo tiempo), la vocación no es otra cosa que esa misma predestinación en el tiempo. En el hoy y ahora de mi existencia, Dios espera mi acogida y afirmación a ese destino eterno que ha pensado, querido y realizado para mí. En mi historia, elección y predestinación eternas son vocación «temporal-eterna». Temporal, porque la acojo en el hoy y en el hoy comienza, y eterna, porque me precede y me constituye como quien soy y porque se realizará plenamente en la gloria. Asimismo, que la voluntad de Dios y mi fin último sean la comunión filial con el Padre significa, a nivel existencial, que es esta mi vocación última y primera, la suprema: «la vocación suprema del hombre en realidad es una sola, es decir, la divina» (*GS* 22, 5). Significa que mi plenitud, la realización perfecta de mi ser y mi felicidad verdadera y última coincide con mi vocación sobrenatural de llegar a ser conforme con la imagen del Hijo, de ser otro Cristo. Y el resto de «vocaciones» (las que podemos llamar naturales: el descubrir los primeros embriones de tiranosaurio, el ser padre de tres criaturas, el ser el mejor amigo de tus amigos, etc.) adquieren su verdadero sentido y su plenitud cuando son insertadas en mi vocación sobrenatural de ser hijo amadísimo del Padre.

Justificados en Cristo

No podríamos hablar de predestinación ni de vocación si no habláramos también de justificación. La realidad del pecado no modifica el plan de Dios, sino que este es incluido en el designio del Padre y es asumido y redimido por Cristo (cfr. Capítulo 2). Porque he sido verdaderamente justificado por Cristo ante el Padre, mi vocación sobrenatural es una realidad en mi vida que se me otorga por medio de la gracia. Nos referimos aquí a justificación en sentido amplio como el fruto del Misterio de Cristo que se nos comunica por el Espíritu Santo y que no solo sana nuestra naturaleza librándola del pecado (justificación en sentido estricto), sino que la eleva concediéndole el don de la filiación divina. «Nuestra justificación es obra de la gracia de Dios. La gracia es el favor, el auxilio gratuito que Dios nos da para responder a su llamada: llegar a ser hijos de Dios (cfr. *Jn* 1, 12-18), hijos adoptivos (cfr. *Rm* 8, 14-17), partícipes de la naturaleza divina (cfr. *2 P* 1, 3-4), de la vida eterna (cfr. Jn 17, 3)» (*CCE* 1996). Verdaderamente, Cristo ha muerto y ha resucitado por mí, y me ha entregado su Espíritu que me hace verdaderamente hijo.

Glorificados en Cristo

«La predestinación se expresa frente al individuo como llamada a la comunión con Dios, llamada que, una vez acogida libremente, produce en primer lugar la justificación del hombre, y posteriormente la glorificación» (O'Callaghan, *Figli di Dio nel mondo*, p. 279). Nuestra plenitud como hijos en el Hijo la alcanzaremos en la gloria, donde nuestra alma inmortal gozará de la comunión plena con la Trinidad, y donde, al final de los tiempos, nuestro cuerpo mortal resucitará y poseeremos, como Cristo, un cuerpo glorioso. Seremos verdaderamente aquello que Dios ha pensado para cada uno desde toda la eternidad, y en esa visión y comunión con Dios, todo nuestro ser, todo yo –alma y cuerpo glorificados– alcanzará su fin último y plenitud y gozará de la dicha perfecta y eterna que Dios comparte con sus hijos.

La elección y predestinación me hablan del fin último que Dios *ha pensado y desea* para mí. La vocación me habla de ese fin último en cuanto *se me revela* en mi vida terrena; la justificación, de ese fin cuando es *acogido*, y la glorificación, del fin plenamente *realizado*. Y este proyecto de Dios para mí es un *proyecto de gracia:* por gracia, por don de amor, gratuito e inmerecido, he sido elegido en Cristo, por gracia he sido predestinado a la comunión filial con el Padre por el Espíritu Santo, por gracia soy justificado, por gracia puedo acoger esa llamada a la gloria, por gracia me es dada la filiación del Hijo, y por gracia gozaré eternamente de su dicha.

Y es también proyecto de gracia porque se realiza en mí por medio de su gracia. El designio del Padre es realizado en Cristo y comunicado al hombre por medio del Espíritu Santo, a través de la Iglesia, «instrumento de salvación», por medio de cuyos cauces nos es derramada la gracia. La gracia que se nos concede es causa de nuestra filiación, y es por ello, que podemos decir que «la vida de la gracia constituye la realización última de nuestro ser. Esta se halla en nuestra condición filial, participación en la filiación única de Cristo» (Ladaria).

Mi realización última, la perfección y la plenitud de mi ser es mi ser en Cristo. Y soy en Cristo en virtud de la gracia. ¿Qué quiere decir esto? ¿Qué quiere decir ser en Cristo? Preguntarse eso es lo mismo que preguntarse por la gracia: ¿Qué es la gracia, la vida de Dios en mí? Reiteremos de nuevo: el misterio de la gracia es denso y profundo, es un misterio sobrenatural y, como toda realidad honda, para poder aproximarse a ella es necesario hacerlo desde distintas perspectivas. Cada una nos aportará un grado distinto y mayor de conocimiento, pero deberé comprenderla desde su unidad, si quiero respetar su esencia y su misterio. Por otro lado, se trata del misterio más íntimo: del encuentro interno entre Dios y el alma. Es difícil, por tanto, aproximarse a él y hay que hacerlo desde las múltiples formas que ese encuentro produce y suscita en lo más íntimo de la persona (A. Johann, *El Evangelio de la Gracia*). Así pues, las dimensiones, aspectos y efectos de la gracia son como las distintas caras de un cubo (¡sin olvidar que la gracia no es una cosa!). El cubo es el mismo –la gracia es una–, no puedo quitar una cara porque dejaría de ser un cubo. Pero para conocer qué significa que mi ser ha sido injertado en Cristo en virtud de la gracia, he de considerar cada aspecto, cada cara. Asimismo, el núcleo del «cubo» es, indudablemente, la filiación divina. Mi ser en Cristo significa, en su esencia y en su núcleo, que soy hijo. Por así decirlo, la filiación divina es *el para qué* de la gracia y mi propio para qué. Ya lo hemos dicho.

Empezaremos considerando el primer efecto de la gracia en el hombre: el paso de la condición de pecador a justo (la gracia como justificación, punto 2). Luego estudiaremos la inhabitación de la Trinidad en el hombre en gracia (punto 3) y la elevación a la condición de hijos (punto 4). Por último, profundizaremos en la esencia de la gracia, en la gracia como recreación (punto 5).

2. Apropiarse de la justicia de Dios
Gracia y justificación

Esperemos que haya quedado clara la idea de que el plan de Dios con respecto al hombre es que seamos en Cristo hijos suyos amadísimos. Y que ese plan es eterno. Lo que no hace falta recordar porque lo tenemos más claro –al menos por mi parte– es el pecado como rechazo a Dios y su plan. El primer escollo que hay que afrontar para la realización del plan de Dios en mí es, por tanto, mi condición de pecador, de criatura que nace alejada de su Creador en el sentido más ontológico y existencial del término. «La llamada a la comunión con Dios en su Hijo significa lo más profundo del ser humano; en efecto, este ha sido creado a imagen y semejanza de Dios para que llegue a reproducir la imagen de su Hijo. Ahora bien, sabemos igualmente que el hombre ha sido infiel al amor de Dios, ha pecado, y con ello se ha colocado en contradicción consigo mismo. Jesús, que es cabeza de la humanidad y fundamento último de toda la creación, es a la vez e inseparablemente el Redentor de los hombres. No solo hace posible la vocación sobrenatural del hombre, sino que, presupuesta esta y la respuesta negativa de la humanidad, nos salva del pecado. La acción salvadora de Dios en Cristo tiene, pues, un aspecto fundamental de perdón del pecado, de "justificación"» (Ladaria). Dada nuestra condición de pecadores, el primer aspecto de la gracia a considerar es el de la justificación. Aquel término que provocó tanto revuelo en el s. XVI y que sigue siendo hoy un concepto clave para el ecumenismo. ¿Qué es y qué no es la justificación por la fe de la que habla san Pablo?

Los pasajes más importantes que nos hablan de la gracia como justificación se encuentran en la carta a los Romanos, y la interpretación adecuada de los mismos es recogida en el *Decreto sobre la Justificación* del Concilio de Trento (1547) (lo citaremos como *DJ*). Los tres términos fundamentales en san Pablo son: la justicia de Dios, la justificación y la fe.

Solo Dios es justo (*Sal* 119, 137), la **justicia** es, por tanto, una propiedad **de Dios** que se nos ha revelado en Cristo y que solo en Él se nos concede, por medio de la fe. Así lo expresa Pablo repetidas veces: «Pues en él se revela la *justicia de Dios* de la fe hacia la fe, como está escrito: El justo vivirá de la *fe*» (*Rm* 1, 17) y «ahora, en cambio, la *justicia de Dios*, atestiguada por la Ley y los Profetas, se ha manifestado con independencia de la Ley: *justicia de Dios* por medio de la fe en Jesucristo, para todos los que creen» (*Rm* 3, 21-22). Para él, la justicia de Dios se convierte en una realidad en el hombre en virtud de la redención obrada por Cristo en favor nuestro: «y son justificados gratuitamente por su gracia, mediante la redención que está en Cristo Jesús. A él lo ha puesto Dios como propiciatorio en su sangre –mediante la fe– para mostrar su justicia tolerando los pecados precedentes en el tiempo de la paciencia de Dios, con el fin de mostrar su justicia en el tiempo presente, y así ser Él justo y justificar al que vive de la fe en Jesús» (*Rm* 3, 24-26). Esto es la **justificación**, la apropiación de la justicia de Dios por parte del hombre, que en Cristo es verdaderamente justificado. Al hombre le corresponde el pecado, y a Dios, la justicia, pero en Cristo el hombre se apropia de la justicia de Dios, produciéndose una verdadera, real y ontológica transformación interior: pasamos de pecadores a justos.

Este es un punto fundamental que conviene resaltar: la justificación supone una verdadera transformación, una situación nueva, un nuevo modo de ser y existir. El efecto de la justicia de Dios en mí es real. Es verdadera apropiación. Cuando uno se apropia de algo que en principio no le pertenece, se hace dueño de ello, pudiendo ahora gozar y disponer de la cosa. Apropiarme del coche de mis padres no me cambia, simplemente me facilita la vida –o me la complica–; pero la gracia de Dios no es una cosa, es la vida de Dios en mí y apropiarme de la justicia de Dios me cambia la vida, me transforma interiormente: Dios me concede *gozar* y *disponer* de su propia justicia, de su propia santidad. Él es quien me renueva y yo soy verdaderamente renovado. Cristo hace nuevas todas las cosas (*Ap* 21, 5): yo en Cristo soy recreado. La palabra de Dios es creadora y recreadora: recrea desde el pecado la nueva vida del hombre. Lo que Dios dice, es. En palabras de Trento: «Somos renovados en el espíritu de nuestra mente y no solo *somos* reputados, sino que verdaderamente nos llamamos y *somos* justos, al recibir en nosotros cada uno su propia justicia». ¿Soy justo en virtud de mi propia justicia? No. Lo soy «según la medida en que el Espíritu Santo la reparte a cada uno como quiere (*1 Co* 12, 11) y según la propia disposición y cooperación de cada uno» (Cap. 7 *DJ*). Nuestra justicia no procede de nosotros, sino de Dios «porque nos es *infundida* por Dios por merecimiento de Cristo» (Cap. 13 *DJ*), pero es al mismo tiempo nuestra en la medida en que somos verdadera y ontológicamente justificados. Hay una comunicación real del ser divino al hombre. Se comienza a existir de un modo nuevo.

El Decreto sobre la Justificación explica que este paso, esta transformación, se realiza por medio del Bautismo o su deseo: «si no renacieran en Cristo, nunca serían justificados como quiera que, con ese renacer, se les da, por el mérito de la pasión de Aquel, la gracia que los hace justos» (Cap. 3 *DJ*). «La justificación del impío [es] el paso de aquel estado en que el hombre nace hijo del primer Adán, al estado de gracia y de adopción de hijos de Dios (*Rm* 8, 15) por el segundo Adán, Jesucristo Salvador nuestro; paso, ciertamente, que después de la promulgación del Evange-

RECREADOS POR LA GRACIA

lio, no puede darse sin el lavatorio de la regeneración o su deseo, conforme está escrito: Si uno no hubiera renacido del agua y del Espíritu Santo, no puede entrar en el reino de Dios» (Cap. 4 *DJ*). Es decir, solo en Cristo podemos ser justificados, y renacemos en Cristo en virtud del bautismo o su deseo (cfr. Capítulo 6, epígrafe 3).

En relación con esta transformación real, el Concilio declara también que la justificación no es solo en verdadera «remisión de los pecados, sino también santificación y renovación del hombre interior, por la voluntaria recepción de la gracia y los dones, de donde el hombre se convierte de injusto en justo y de enemigo en amigo, para ser heredero según la esperanza de la vida eterna (*Tt* 3, 7)» (Cap. 7 *DJ*). Se recogen aquí las dos dimensiones de la gracia, que no pueden nunca separarse: la **dimensión sanante** (remisión del pecado) y la **dimensión elevante** (santificación o divinización del hombre). Para Lutero, la justificación era mera no imputación del pecado, para Trento, la justificación es verdadera remisión del pecado y, al mismo tiempo, santificación, divinización. Ya sería verdadera transformación la «simple» remisión o cancelación del pecado, pues supone una verdadera purificación, auténtica sanación de mi naturaleza herida por el pecado. Su Sangre derramada es nuestro rescate y justificación, en ella son lavados nuestros pecados (cfr. *1 P* 1, 19 y *Rm* 5, 9), Él «es el Cordero de Dios que *quita* el pecado del mundo» (*Jn* 1, 29). Pero el don de la gracia no «se queda ahí», sino que, verdaderamente, somos divinizados, constituidos en hijos. Mi naturaleza herida es sanada y elevada, purificada y divinizada, lavada y santificada. «La gracia de Cristo es el don gratuito que Dios nos hace de su vida infundida por el Espíritu Santo en nuestra alma para *sanarla del pecado* y *santificarla:* es la gracia santificante o divinizadora, recibida en el Bautismo. Es en nosotros la fuente de la obra de santificación (cfr. *Jn* 4, 14; 7, 38-39)» (*CCE* 1999).

Por último, ¿cómo entiende la **fe** el Concilio? ¿Cuál es la relación entre la justificación y la fe? Cuando Pablo afirma que «el hombre es justificado por la fe con independencia de las obras de la Ley» (*Rm* 3, 28), no pretende quitar todo valor o significación a las obras, sino dejar claro que solo de Dios procede la salvación. Lo que pretende es dejar claro que la justificación es el fruto de la fe, de la actitud de quien, confiado en la Persona de Cristo, funda en él su existencia, y no en sí mismo. El binomio fe-obras bien podría traducirse por Cristo-uno mismo. Precisamente por eso, la fe no es simple confianza ciega, sino confianza libre, adhesión voluntaria a Cristo. Es acogida de la salvación, libre apropiación de su justicia. Es decir, san Pablo no está despreciando las obras de modo absoluto, de hecho es constante en sus epístolas la exhortación a las iglesias a la práctica de obras buenas (cfr. *1 Tm* 3, 1-13; *Tt* 2, 1-10), a la caridad manifestada en obras (cfr. *1 Co* 13). Lo que Pablo pretende dejar claro es que uno no puede salvarse a sí mismo, que el esfuerzo por la santidad basado en uno mismo no tiene valor alguno. Las obras no tienen valor si no es por el mérito que Dios, en su misericordia, ha querido otorgarles en virtud de los méritos infinitos de Cristo. Es Cristo, a quien acojo por fe, quien me santifica y su vida se manifiesta en obras de caridad. Es decir, no son las obras la causa de la salvación, sino la manifestación de esa salvación, la transformación que obra en mí Cristo, a quien acojo por fe, se manifiesta en obras. En este pasaje, san Pablo expresa precisamente esto: que la causa de mi salvación está en su misericordia y que esa salvación se manifiesta en una transformación real: «Pues también nosotros éramos en otro tiempo insensatos, desobedientes, extraviados, esclavos de las concupiscencias y diversos placeres, viviendo inmersos en la malicia y en la envidia, aborrecibles y odiándonos unos a otros. Pero cuando se manifestó la bondad de Dios, nuestro Salvador, y su amor a los hombres, nos salvó, no por las obras justas que hubiéramos hecho nosotros, sino por su misericordia, mediante el baño de la regeneración y de la renovación en el Espíritu Santo, que derramó copiosamente sobre nosotros por medio de Jesucristo nuestro Salvador, para que, justificados por su gracia, fuéramos herederos de la vida eterna que esperamos» (*Tt* 3, 3-7).

Por eso el Concilio presenta una concepción de la fe no como «sola fe», sino como fe viva, como «fe que obra por la caridad» pues al hombre injertado en Cristo se infunden, por Él, la fe, la esperanza y la caridad. «Porque la fe, si no se le añade la esperanza y la caridad, ni une perfectamente con Cristo, ni hace miembro vivo de su Cuerpo. Por cuya razón se dice con toda verdad que la fe sin las obras está muerta (*St* 2, 17 y ss.) y ociosa y que, en Cristo Jesús, ni la circuncisión vale nada ni el prepucio, sino la fe que obra por la caridad (*Ga* 5, 6; *Ga* 6, 15)» (Cap. 7 *DJ*).

3. Templos de Dios
Gracia e inhabitación de la Trinidad en el alma

Cuando amas a alguien, puedes decir que, en cierta manera, esa persona, ese amigo, ese hijo, ese hermano, habita en ti. En tu corazón y en tu intelecto, en lo más íntimo de ti –en tu espíritu– hay una cierta presencia de él, de ella. El conocimiento es posesión intelectual, el amor es unión de espíritus. La presencia que Dios tiene en el alma en gracia no es igual que la que tengo del amigo, del amado. «Dios, por medio de su gracia, está en el alma del justo en forma más íntima e inefable, como en su templo; y de ello se sigue aquel mutuo amor por el que el alma está íntimamente presente a Dios, y *está en él más de lo que pueda suceder entre los amigos más queridos*, y goza de Él con la más regalada dulzura» (León XIII, Encíclica *Divinum illud munus*, 1897). Dios está en mí, habita en mi alma, permanece en mí. El texto más revelador lo encontramos en san Juan: *Si alguno me ama, guardará mi palabra, y mi Padre le amará, y vendremos a él y haremos morada en él*» (*Jn* 14, 23). San Pablo, por su parte, recurre a la metáfora del templo para explicarlo: *¿No sabéis que sois templo de Dios y que el Espíritu de Dios* habita *en vosotros?* (*1 Co* 3, 16); *¿o no sabéis que vuestro cuerpo es templo del Espíritu Santo, que está en vosotros y habéis recibido de Dios, y que no os pertenecéis?* (*1 Co* 6, 19). La Trinidad tiene su morada en mi alma. Mi alma es templo suyo, su habitación. De ahí que este misterio se haya denominado «inhabitación trinitaria en el alma». Dios habita dentro, inhabita.

¿Cómo puede ser esto posible? «Y esta admirable unión, que propiamente se llama inhabitación, y que solo en la condición o estado, más no en la esencia, se diferencia de la que constituye la felicidad en el cielo, aunque realmente se cumple por obra de toda la Trinidad, por la venida y morada de las tres Divinas Personas en el alma amante de Dios, (...) se atribuye, sin embargo, como peculiar, al Espíritu Santo» (León XIII, Ídem).

Efusión del Espíritu y presencia de la Trinidad

La promesa hecha al pueblo de Israel, *derramaré mi Espíritu sobre toda carne* (*Jl* 3, 1-2), se cumple *al llegar la plenitud de los tiempos, [cuando] envió Dios a su Hijo (...) a fin de que recibiésemos la adopción de hijos. Y, puesto que sois hijos, Dios envió a nuestros corazones el Espíritu de su Hijo, que clama: «¡Abbá, Padre!»* (*Ga* 4, 4-6). Verdaderamente, *el amor de Dios ha sido derramado en nuestros corazones por el Espíritu Santo que se nos ha dado* (*Rm* 5, 5).

Para explicarlo, acudimos una vez más al gran Tomás de Aquino, que nos aclara los tipos de presencia que existen y en qué sentido la inhabitación de la Trinidad es verdadera presencia de Dios en mi alma.

1. La presencia de Dios en lo creado: presencia de inmensidad

Explica el santo que en todo lo creado Dios se halla presente con un tipo de presencia denominada de *inmensidad*, y en la que, a su vez, podemos distinguir tres modos. Dios está presente por *esencia* en lo creado dándole y manteniéndole el ser; por *potencia*, pues su dominio y poder se extiende a toda la creación; y por *presencia* (valga la redundancia), pues toda realidad creada se halla siempre patente ante sus ojos (cfr. *ST* I, q. 43, a. 1). Evidentemente, no es este el modo en el que la Trinidad se halla en mi alma en gracia. ¿Qué «añadiría» el don de la gracia entonces? La gracia eleva mi naturaleza. La hace capaz de Dios, de alcanzar al mismo Dios, de gozar de Él. Dios está en mí –si estoy en gracia– de un modo personal, íntimo y único. Demos un paso más.

2. La inhabitación como misión invisible

Contemplado a Dios *ad extra,* tenemos las *misiones* divinas, que es el envío a las criaturas de una de las Personas por aquella de Quien procede, para comenzar a tener una presencia distinta de la que ya tiene como Creador (cfr. *ST* I, q. 43, a. 1). Las dos misiones visibles son la Encarnación y Pentecostés (el envío del Hijo por el Padre, y del Espíritu Santo por el Padre y el Hijo). La inhabitación es una misión invisible, es el envío del Espíritu Santo al alma por la gracia, que instaura una presencia de Dios en el alma.

– La **Encarnación** supone la presencia mayor que de Dios puede darse en lo creado, pues la Persona del Verbo asume la naturaleza humana en Cristo mediante la unión hipostática.

– En **Pentecostés,** el Espíritu Santo es enviado visiblemente al mundo, y desde entonces el Padre y el Hijo no han dejado de enviar su Espíritu sobre las almas, a través de su Iglesia.

– La **inhabitación** es otra misión divina, en este caso, invisible, que instaura en las criaturas racionales una relación personal con la Trinidad. La inhabitación es un tipo de presencia de Dios en los hombres distinta y particular y que presupone la Encarnación y Pentecostés. Si el Verbo no se hubiera encarnado y nos hubiera redimido, no podríamos ser introducidos en la vida íntima de Dios por la gracia. A su vez, es el Espíritu Santo quien nos comunica esa gracia obtenida por Cristo y nos introduce en la vida íntima de Dios. En el Bautismo recibimos el don del Espíritu Santo. La Trinidad está en mí por la gracia como en un templo, porque el Espíritu Santo viene a hacer su morada en mi alma y con Él (donde está una de las Personas Divinas están las otras dos), el Padre y el Hijo. Explica santo Tomás que a las tres Personas Divinas les corresponde inhabitar por la gracia, aunque solo al Hijo y al Espíritu Santo les corresponde ser enviado. «Por la gracia santificante, toda la Trinidad habita en el alma, según aquello de *Jn* 14, 23: "acudiremos a él y en él habitaremos". Que la persona divina sea enviada a alguien por la gracia invisible (...) significa el nuevo modo de inhabitación de aquella persona. Inhabitar por la gracia y proceder de otro les corresponde tanto al Hijo como al Espíritu Santo, tanto a uno como al otro les corresponde ser enviados invisiblemente. Y aun cuando al Padre le corresponda inhabitar por la gracia, sin embargo, no le corresponde proceder de otro y, consecuentemente, tampoco le corresponde ser enviado» (*ST* I, q. 43, a. 5).

La complejidad de la explicación se disipa en el momento en que acudimos al testimonio de los santos. Los grandes místicos han experimentado de un modo vivísimo la presencia real de las tres Personas Divinas en su alma. Dice san Juan de la Cruz que «es de notar que el Verbo Hijo de Dios, juntamente con el Padre y el Espíritu Santo, esencial y presencialmente está escondido en el íntimo ser del alma» (*Cántico Espiritual*, 1, 8); y santa Teresa, de un modo más descriptivo, explica: «comenzó a inflamarse mi alma, pareciéndome que claramente entendía tener presente a toda la Santísima Trinidad (...) y así me parecía hablarme todas tres Personas y que se representaban dentro de mi alma indistintamente» (*Cuentas* 14). Esta vivencia no está reservada solo para los místicos, sino para todo cristiano con vida interior. «Primero una jaculatoria, y luego otra, y otra..., hasta que parece insuficiente ese fervor, porque las palabras resultan pobres...: y se deja paso a la intimidad divina, en un mirar a Dios sin descanso y sin cansancio. Vivimos entonces como cautivos, como prisioneros. Mientras realizamos con la mayor perfección posible, dentro de nuestras equivocaciones y limitaciones, las tareas propias de nuestra condición y de nuestro oficio, el alma ansía escaparse. Se va hacia Dios, como el hierro atraído por la fuerza del imán. Se comienza a amar a Jesús, de forma más eficaz, con un dulce sobresalto» (San Josemaría, *Amigos de Dios*, 296).

En cualquier caso, santo Tomás viene a decir dos cosas:

1. Que, efectivamente, Dios habita en mí de un modo real, distinto a la manera en la que está presente en el resto de la creación. La efusión del Espíritu Santo en el hombre inaugura una nueva presencia de Dios en lo más profundo de mi ser. Si identificamos lo más íntimo del hombre (como explicamos en el capítulo 4 del anterior volumen, *Creados a su imagen*) con su espíritu, la presencia del Espíritu Santo en mí se «sitúa» a nivel de mi espíritu, que ahora es llenado de su presencia, a partir de la cual se establece una nueva relación: mi yo más profundo está en relación –de nuevo– con el mismo Dios. La persona, que por el pecado se halla privada de la relación con su Creador, está ahora, por la gracia, en relación con las Persona Divinas.

2. Que esa presencia de Dios en el alma nos introduce a su vez en su mismísima vida íntima. Esto es, cuando decimos que se instaura una relación personal, queremos decir, nada más y nada menos, que nuestro espíritu es introducido en cierta manera y de un modo inefable en las procesiones eternas. Veamos esto con más detenimiento.

Inhabitación y participación

Dios desciende a nuestra alma para que nosotros seamos elevados hasta Él. Dios se introduce en mi espíritu para que yo sea introducido en el suyo. En la historia del amor de Dios por los hombres, el movimiento es siempre este: la *synkatábasis*, el abajamiento divino para la elevación humana. ¿En qué sentido se produce esta elevación de mi naturaleza? San Pedro habla de la participación de la naturaleza divina (cfr. *2 P* 1, 4) y así es entendida la gracia en su esencia: «La gracia es una participación en la vida de Dios. Nos introduce en la intimidad de la vida trinitaria (...)» (*CCE* 1997). Otro de los conceptos clave de la teología de la gracia de santo Tomás es precisamente este, el de la **participación**. La elevación del hombre por la gracia es tal porque la gracia me hace partícipe de la vida de Dios. Aquello que no nos pertenece por naturaleza –la vida divina– nos es dado por la gracia, en cierto modo y según nuestra disposición y acogida. No me pertenece, pero en mí se halla a capacidad de la acogida de la vida divina (*potencia obediencial)*; no me pertenece, pero solo su acogida lleva a perfección mi naturaleza. Estas ideas ya han salido, pero no está de más recordarlas.

Volvamos al concepto de participación. Dice A. Johann que la «efusión del Espíritu en nuestros corazones nos permite **tener parte** en el amor íntimo y personal de Dios». Y así es, la gracia me hace partícipe de la vida íntima de Dios. Como dice el Catecismo, la participación en la vida de Dios es **introducción** en su intimidad. La vida de la gracia está en el plano de lo sobrenatural, esto es, de la vida íntima de Dios. Por lo que habrá que conocer a Dios en su intimidad, *ad intra*, para comprender en qué medida soy introducido en ella por medio de la gracia. Dios es misterio de comunión de Personas. «Las dos *procesiones eternas* (la generación del Verbo y la procesión del Espíritu Santo) son el fundamento de las distintas relaciones que en Dios se identifican con las Personas divinas: el ser Padre, el ser Hijo y el ser espirado por Ellos» (el Espíritu Santo) (G. Maspero). El Hijo es engendrado eternamente por el Padre (procesión eterna de la generación del Verbo) y el Espíritu Santo procede eternamente del Padre y del Hijo (procesión eterna de la espiración del Espíritu Santo). La comunicación de la vida divina que se me otorga por medio de la gracia no es otra cosa que mi *introducción de un modo insondable pero real en las procesiones eternas de Dios*. Dicho de otra manera, se produce una especie de *prolongación* de las procesiones eternas en mi alma, es decir, mis facultades son elevadas hasta alcanzar al mismo Dios en su intimidad. Esto es verdadera participación en la vida divina, elevación de mi naturaleza hasta el mismo Dios.

Así lo explica santo Tomás: «Dios se encuentra como lo conocido en quien conoce y lo amado en quien ama, y porque, conociendo y amando, la criatura racional llega por su mismo obrar hasta el mismo Dios» (*ST* I, q. 43, a. 3). Dos ideas:

- «Dios se encuentra como lo conocido en quien conoce y lo amado en quien ama». Dios está en el alma en gracia «como *está en el agente el objeto de la acción*» (*ST* I, q. 8, a. 3). El agente (sujeto) soy yo –que conozco y amo– y el objeto (el qué) conocido y amado es el mismo Dios. ¿Se entiende? Es decir, Dios pone en mí su propia vida –que es Él mismo– que es ahora conocida y amada por mí. Las procesiones eternas (generación del Hijo y procesión del Espíritu Santo) se prolongan de algún modo *ad extra,* hacia fuera y temporalmente en mi alma. Lo que en Dios es su esencia (su vida íntima) es en mí accidental (la gracia), pero real. Por el conocimiento sobrenatural (la fe) y por el amor sobrenatural (la caridad) que Dios pone en mi alma con la gracia, puedo decir que las procesiones eternas de la generación (conocimiento) y de la espiración (amor), se prolongan en mí. La prolongación en mí de la procesión eterna de la generación del Hijo supone que mi entendimiento participa del conocimiento del mismo Dios. La prolongación en mí de la procesión eterna de la espiración del Espíritu Santo supone que mi voluntad participa del amor del mismo Dios.

- Por lo cual, «la criatura racional llega por su mismo obrar hasta el mismo Dios». En mi conocer sobrenatural (la fe) y en mi amar sobrenatural (caridad) llego hasta el mismo Dios, alcanzo a Dios en su vida íntima. Otro concepto importante es el de **fruición,** que es el gozo, el deleite, el disfrute del alma que alcanza a Dios por la gracia. Dios es su vida íntima, alcanzarle significa, por tanto, llegar a participar de ella.

«Nos encaminamos hacia las profundidades de su intimidad y entramos er conversación amistosa con Él» (C. Journet): podemos conocer y amar a Dios en sí mismo. «Debemos concebir la gracia como una moción divina que, desde el momento en que nos toca, deposita en nosotros, de manera permanente, una riqueza, raíces vivas que nos permitirán realizar actos de amor todas las veces que queramos» (C. Journet, *Charlas acerca de la gracia*). Somos atraídos, invitados y verdaderamente enraizados en la vida divina. «Dios se ama a sí mismo en nosotros y este amor divino es el Espíritu Santo, participando así en el amor íntimo de Dios por el Espíritu que habita en nosotros» (A. Johann).

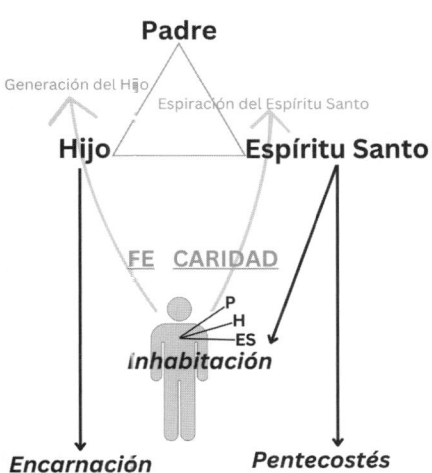

Procesiones eternas: generación del Hijo y espiración del Espíritu Santo.

Misiones (Encarnación, Pentecostés e inhabitación): envío de una Persona Divina por aquella de quien procede para empezar a tener en las criaturas una presencia distinta de la que ya tiene como Creador.

Inhabitación: Nuevo modo de presencia de Dios en el alma humana, que instaura una relación personal con Dios. El hombre es introducido de un modo misterioso en las procesiones eternas de Dios (participa en las procesiones eternas).

VIRTUDES TEOLOGALES: Prolongación en el alma en gracia de la procesión eterna del Hijo (FE) y de la espiración del Espíritu Santo (CARIDAD).

El hecho, quizá tan habitual y ordinario en ti, de que puedas conocer y amar verdaderamente a Dios no es algo que yo mismo pueda darme, algo que mi inteligencia, voluntad y afectos puedan hacer por sí mismos. Es algo tan excepcional como maravilloso. Si puedo conocer y amar a Dios, es porque Él mismo me hace partícipe de su propio conocer y amar. Dios ama en mí y Dios conoce en mí. Aquello es la caridad, esto es la fe. El decir «creo en Ti, Señor, espero en ti, te amo» es un don, es manifestación de la vida divina en mí. Es conocer como Dios conoce, es amar como Dios ama; creer en Dios es conocer en Dios y amar a Dios es amar en Dios. Creer en Dios es participar de su conocimiento, amar a Dios es participar de su amor. No es algo *naturalmente* conocido y amado, sino *sobrenaturalmente* conocido y amado. Se me concede el don de participar de su propio conocer y amar. En el capítulo 6 profundizaremos un poco más en esto.

4. Mi verdad más íntima
Gracia y filiación divina

«El que no se sabe hijo de Dios desconoce su verdad más íntima» (San Josemaría, *Amigos de Dios,* n. 26). No puede decirse mejor ni de modo más sintético la profundidad del misterio y la vocación suprema del hombre. El testimonio de la Sagrada Escritura es cristalino: *Mirad qué amor tan grande nos ha mostrado el Padre: que nos llamemos hijos de Dios, ¡y lo somos! Por eso el mundo no nos conoce, porque no le conoció a Él. Queridísimos: ahora somos hijos de Dios, y aún no se ha manifestado lo que seremos. Sabemos que, cuando él se manifieste, seremos semejantes a él, porque le veremos tal como es* (1 Jn 3, 1-2).

«El don de la gracia implica una **participación** en la misma vida divina y, concretamente, **en la relación paterno-filial en Dios**, ella se comunica *ad extra* de modo análogo a como esta vida es poseída y comunicada *ad intra*. Así, el hombre en gracia es imagen de la Trinidad: está **identificado con el Hijo** por la fuerza del Espíritu, y se vuelve capaz de relacionarse de un modo filial con el Padre» (O'Callaghan, *Figli di Dio nel mondo*). Como hemos explicado, la participación en las procesiones eternas por la gracia es prolongación de ellas. La primera procesión, la del Hijo, se prolonga *ad extra* como generación filial; la segunda, la del Espíritu Santo, como amor. Así, el resultado de la elevación a la gracia consiste en la prolongación de la generación del Hijo hacia fuera y, por tanto, en la **filiación;** mientras que la modalidad según la cual nos es dada tal filiación es prolongación de la procesión del Espíritu Santo, **el**

ser hijo es donado al creyente en Cristo (cfr. Ídem). Es decir, el Espíritu Santo, como Don, me concede el don de la Filiación. Así, dice san Pablo que *los que son guiados por el Espíritu de Dios, estos son hijos de Dios* (*Rm* 8, 14).

La presencia del Espíritu Santo en nosotros nos inserta de un modo *concreto y bien determinado* en las relaciones divinas: por medio del Espíritu de Cristo hemos recibido del mismo Dios una participación *en la relación filial* de Cristo respecto del Padre. Somos insertados en Cristo (el Hijo encarnado) por medio de su Espíritu y constituidos en hijos del Padre. La participación en la vida intratrinitaria que se nos concede por medio de la gracia es una participación *en la filiación del Hijo.* No somos constituidos en «espíritus» ni en «padres», sino en hijos. Por medio del Espíritu de Cristo hemos recibido de Dios una participación en esa relación filial de Cristo respecto del Padre.

Todo esto se resume en esta frase: constituidos hijos *del* Padre *en* el Hijo *por* el Espíritu. Si somos hijos de Dios, lo somos con respecto al Padre. Si somos hijos de Dios, lo somos porque el Verbo, al Encarnarse, «se ha unido en cierto modo con todo hombre» (*GS* 22, 2) y así en Él somos hijos. Si somos hijos de Dios, lo somos por el Espíritu, pues el Espíritu de Cristo que se nos entrega nos configura en nuestro ser más íntimos como el mismo Cristo. «Por la misión del Espíritu Santo alcanza la misión del Hijo el efecto pretendido: que los hombres alcancen la filiación. La filiación divina no puede concebirse sin la unción del Espíritu» (Ladaria).

«Por el Bautismo, el cristiano participa de la gracia de Cristo, Cabeza de su Cuerpo. Como "hijo adoptivo" puede ahora llamar "Padre" a Dios, en unión con el Hijo único. Recibe la vida del Espíritu que le infunde la caridad y que forma la Iglesia» (*CCE* 1997).

Filiación adoptiva

San Pablo explica que no es otra la finalidad de la Encarnación y del envío del Espíritu Santo que el constituirnos en hijos adoptivos: *Pero al llegar la plenitud de los tiempos, envió Dios a su Hijo, nacido de mujer, nacido bajo la Ley, para redimir a los que estaban bajo la Ley, a fin de que recibiésemos la adopción de hijos* (*Ga* 4, 4-5); idea que se repite en Romanos 8, 15: *recibisteis un Espíritu de hijos de adopción, en el que clamamos: «¡Abbá, Padre!».*

Cristo es el Unigénito, el Hijo único del Padre. Nuestra filiación no es por naturaleza, solo lo es la de Cristo; nuestra filiación es por adopción, lo cual no quiere decir que sea ficticia, virtual o aparente, sino que, siendo real y verdadera, nos ha sido concedida por gracia. Aquello que no nos corresponde por derecho de naturaleza nos es entregado graciosamente. Romano Guardini lo explica así: «Ser hijo de Dios, ser hija de Dios significa no solo tener con Dios una relación de confianza, amarle y saberse protegido por él, sino algo tan exacto como inaudito: *estar acogido por pura gracia en la relación con el Padre en la que está, por naturaleza, su Hijo hecho hombre.* Expresada con toda fuerza, la concepción paulina dice: creer significa ser cautivado por Cristo, pero no solo psicológicamente, como el discípulo por el maestro, sino *realmente;* ser introducido por él en su propia vida, ser incorporado al movimiento en el que Él está con el Padre. Con ello el creyente entra en la relación yo-tú entre el Padre y el Hijo» (en *El tránsito de la eternidad*).

Nuestra filiación ha de ser necesariamente adoptiva, pues, como explica santo Tomás, así como el Hijo es Dios, nosotros somos deificados; así como el Hijo es generado eternamente, nosotros somos constituidos en hijos en el tiempo; así como el Hijo es filiación, nosotros tenemos parte, participamos de esa filiación; así como el Hijo es Uno, nosotros somos muchos; y así como el Hijo es el Hijo del Padre, nosotros somos hijos de Dios (hijos del Padre, en el Hijo, por el Espíritu Santo). Pero, repitamos, nuestra participación es real en la filiación del Hijo, y nos constituye ontológicamente –en el ser– como verdaderos hijos de Dios; mi alma es **cristificada**, adquiere la forma de Cristo:

– Cuando el Padre me ve, ve la imagen de su Hijo en mí y con el amor con el que es amado el Hijo, soy yo amado por el Padre. Que Dios me ame hasta el punto de hacerme hijo suyo implica, a su vez, que ama como a su mismo Hijo, me ama en su Hijo. «El hombre es objeto del amor que Dios Padre tiene por el Hijo Unigénito» (Ladaria).

– Los hijos adoptivos tienen los mismos derechos que los naturales. *De manera que ya no eres siervo, sino hijo; y como eres hijo, también heredero por gracia de Dios (Ga 4, 7); y porque no recibisteis un espíritu de esclavitud para estar de nuevo bajo el temor (...). Pues el Espíritu mismo da testimonio junto con nuestro espíritu de que somos hijos de Dios. Y si somos hijos, también herederos: herederos de Dios, coherederos de Cristo (Rm 8, 14-17).* Si somos hijos, somos también herederos, herederos de la gloria, a la que no teníamos acceso por el pecado, pero que ahora es también nuestra.

– Si la relación con Dios determina lo que somos –criaturas, pecadores, hijos–, la relación filial con el Padre es la máxima realización de nuestro ser. «Nuestra participación en la vida filial de Jesús es la mayor perfección del hombre. Perfección que solo por don de Dios puede recibir, pero que responde a la vez a lo más profundo de su ser, si pensamos que la vocación en Cristo es un elemento determinante de su esencia concreta» (cfr. Ladaria). Mi plenitud es Él (cfr. Capítulo 6, punto 1).

– Si la filiación con el Padre nos hace hijos, nos constituye también en verdaderos hermanos de un mismo Padre. «La común filiación de muchos a un mismo Padre establece necesariamente una correspondiente fraternidad. Si somos hijos de Dios, somos hermanos entre nosotros; y el realismo de esa filiación comporta un paralelo realismo para esa fraternidad, que entonces "ni se reduce a un tópico, ni resulta un ideal ilusorio"» (F. Ocáriz, *Naturaleza, Gracia y Gloria,* p. 195).

Saberme hijo de Dios es conocer mi verdad más íntima y es conocer el amor de Dios por mí. Si el pecado es ruptura de la relación con Dios, y por la gracia –por el amor de Dios que se desborda en mí–, esa relación no solo es restablecida, restaurada, sino elevada a un punto superior del que estaba –¡ahora soy hijo de Dios!– la mayor manifestación del amor de Dios por mí se halla en esta verdad, pues mi rechazo no ha sido sino la ocasión de concederme el mayor don: soy verdaderamente hijo. Cuanto más profundice en la realidad de mi filiación divina, más me asombraré de la profundidad del amor de Dios, y cuanto más me identifique con el Hijo, más gozaré del amor del Padre.

5. Recreados por la gracia
La esencia de la gracia

¿Por qué gracia de Dios y no dádiva divina, regalo o don de Dios? Porque la palabra gracia, además de reflejar el aspecto de regalo, don inmerecido, incluye el efecto que ese don divino produce en nosotros: por la gracia de Dios nos volvemos **gratos** a Dios. Al derramar su amor en nuestra alma, esta es transformada, es cristificada. Como dijimos, se trata de una transformación real, a nivel del ser, ontológica. La gracia es verdadera regeneración, recreación. «Nos salvó, no por las obras justas que hubiéramos hecho nosotros, sino por su misericordia, mediante el baño de la *regeneración* y de la *renovación* en el Espíritu Santo, que derramó copiosamente sobre nosotros por medio de Jesucristo nuestro Salvador, para que, justificados por su gracia, fuéramos herederos de la vida eterna que esperamos» (*Tt* 3, 5-7).

Y es que el amor de Dios no es como nuestro amor. Nosotros amamos aquello que es digno de ser amado, aquello que, poseyendo algo de bondad, belleza y bien, nos atrae y merece nuestro amor. El amor de Dios es, por el contrario, aquello que causa la belleza, la bondad y el bien de las cosas. El amor de Dios nos regenera, crea en mí aquello que me permite obrar al modo sobrenatural. No solo ama mi nada, sino que, amándola, crea desde ella. Si en la Creación, Dios da el ser desde la nada, con la gracia Dios nos da una segunda naturaleza a quienes somos nada. «La primera creación fue hecha cuando de la nada fueron producidas las criaturas por Dios en el ser de naturaleza, y entonces era nueva la criatura, pero por el pecado se hace vieja (...). Así es que hubo necesidad de una nueva creación, por la cual se producirían en el ser de la gracia, la cual creación es ciertamente de la nada, porque quienes carecen de la gracia no son nada» (Santo Tomás, *II ad Cor.* 5, 17). Santo Tomás, al preguntarse si la gracia pone algo en el alma, explica que «cuando el amor de Dios quiere el bien de la criatura se *produce en esta un bien real.* (...) Cualquier acto del amor divino induce en la criatura un bien, que se produce en un momento del tiempo, aunque el amor divino es eterno. (...) Así pues, cuando se dice que el hombre tiene la gracia divina, se entiende que *en él hay una realidad sobrenatural que proviene de Dios*» (*ST* I-II, q. 110, a. ⸱). Esta realidad sobrenatural es la gracia, gracia creada porque es ese bien real que se produce en nosotros, esa re-creación, esa segunda naturaleza.

Entonces ¿es la gracia *algo, una cosa*? No, no es una cosa, pero sí es una realidad en mí. A ver si nos entendemos. Los dos extremos a evitar son: por un lado, el confundir a Dios con la gracia y, por otro, el considerar que la gracia no tiene un efecto real en mí, pensar que no supone una verdadera transformación a nivel del ser. Teniendo en cuentas ambas tentaciones –y sin olvidar que se trata de un misterio–, lo acertado es considerar la gracia, en su esencia metafísica, como un *hábito entitativo*.

¿Qué es esto de hábito entitativo? Santo Tomás define hábito como cualidad estable que tengo y que me dispone en orden a la naturaleza o en orden al obrar. Si me dispone en orden a la naturaleza, es un hábito que inhiere en el ser, es un hábito entitativo, si me dispone a obrar, es un hábito operativo. «Decir que alguien tiene la gracia divina equivale a decir que hay en él un *efecto* producido gratuitamente por la voluntad de Dios, *un don habitual*

(…). [La voluntad divina] *infunde* en aquellos a quienes mueve a conseguir el bien sobrenatural eterno *ciertas formas o cualidades sobrenaturales*, mediante las cuales pueden ser movidos por Él con suavidad y prontitud a la consecución de aquel bien. Y así resulta que el don de la gracia es una *cualidad*» (*ST* I-II, q. 110, a. 2). Esta cualidad estable, este hábito, es un don de Dios y es una segunda naturaleza que Dios pone en mi alma, «una naturaleza superior, la naturaleza divina participada, por lo cual se dice en *2 P* 1, 4: Nos puso en posesión de las más grandes y preciosas promesas, para hacernos por ellas partícipes de la naturaleza divina. Y merced a la recepción de esta naturaleza se dice que somos *reengendrados* como hijos de Dios» (q. 110, a. 3). En palabras de Scheeben: el sentido de las palabras de san Pedro según las cuales, mediante la gracia los hombres llegan a ser partícipes de la naturaleza divina (*2 P* 1, 4), «solo puede significar esto: nosotros recibimos algo que está más allá de nuestra naturaleza, una segunda naturaleza con la cual nos acercamos tanto a Dios que nos hacemos semejantes a Él en sus prerrogativas propiamente divinas y, de este modo, capaces y dignos de una vida que, en sí, es propia solo de Dios».

Es en este sentido exclusivamente en el que hay que entender la gracia creada: como el don que Dios me da de hacerme partícipe de la naturaleza divina «por derecho propio», en virtud de la vida sobrenatural (de la gracia) que verdaderamente se me ha concedido y de la que ahora, en mi propio ser, puedo gozar. Esta visión de la gracia es la adecuada por varios motivos:

1. Clarifica en qué sentido la gracia es verdadera transformación interior del hombre que le hace capaz de alcanzar al mismo Dios y pone en realce este inmenso don. Siendo tan grande el bien alcanzado en virtud de esta transformación interior operada por la gracia, se comprende que santo Tomás afirmara que «la justificación del impío, que tiene por término el bien eterno de la participación divina, es una obra más excelente que la creación del cielo y la tierra, cuyo

término es el bien de la naturaleza mudable» (Santo Tomás, *ST* I-II, q. 113, a. 9).

2. Nos ayuda a comprender que Dios, con el don de la gracia, respeta nuestra condición de criaturas, pues, aunque «la gracia tiene su raíz en la benevolencia personal (tripersonal) de Dios, para nosotros los hombres que somos criaturas tiene que adoptar necesariamente una "forma de criatura", una forma creada, que se nos adhiere y nos "recrea" como don creado, así también este don de la gracia tiene que alcanzar el centro más personal e íntimo del hombre» (A. Johhan). En este sentido, si la gracia «pone algo en mi alma», el hombre sigue siendo él mismo, la autonomía y la libertad humana se respetan y hasta se resaltan.

3. Se comprende mejor la relación entre gracia creada y Gracia increada. La gracia nos diviniza, pero no somos hechos Dios; no se puede confundir la esencia divina –Dios mismo– con la gracia, que no es una extensión de la sustancia divina en nosotros, sino una participación en esa vida. De igual modo, cuando decimos que Dios inhabita verdaderamente en el alma, no estamos hablando de panteísmo (todo es Dios) o de teopantismo (Dios es todo), evidentemente no podemos poseer en nosotros toda la inmensidad de Dios, lo cual no quiere decir que no habite en mí de un modo real y misterioso. «Los cielos y los cielos de los cielos no pueden contenerte, ¡cuánto menos este templo que yo te he erigido!» (1 R 8, 27). Dios es la luz, que cuando nos toca, deja en nosotros una cualidad, es como el efecto de la luz en las paredes de una habitación. «Cuando las Personas Divinas vienen a nosotros (he ahí el Raudal, el Manantial, la Gracia increada), iluminan las paredes del alma (he ahí el efecto, la gracia creada). Y si tenemos la gracia, su Manantial, su Fuente –esto es, las Tres Personas divinas– está ya ahí. El Espíritu increado se da en la gracia creada como el sol se da en sus rayos» (C. Journet).

Gracia santificante y gracias carismáticas

Gracia santificante. Tomando como base la definición tomista de gracia, el Catecismo afirma que «la gracia santificante es un don habitual, una disposición estable y sobrenatural que perfecciona al alma para hacerla capaz de vivir con Dios, de obrar por su amor» (*CCE* n. 2000). En virtud de este don habitual, soy *agraciado*, la gracia nos hace gratos. «Porque me amaste, me hiciste amable» (San Agustín, *Enn. In Ps*. 191, 5). En este sentido, la gracia santificante ha sido denominada como ***gratia gratum faciens***, la gracia que nos hace gratos.

Sigue el mismo punto diciendo que «se debe distinguir entre la **gracia habitual**, *disposición* permanente para vivir y obrar según la vocación divina, y las **gracias actuales**, que designan las *intervenciones divinas* que están en el origen de la conversión o en el curso de la obra de la santificación» (ídem). El hombre es un ser histórico, que se despliega en el tiempo; y es en el tiempo, en cada hoy y ahora, donde Dios se me dona. Si le dejamos, el amor de Dios se derrama *continuamente* en nuestros corazones –con el asentimiento de nuestra libertad–; por la gracia de Dios somos siempre renovados y santificados. Y la vida humana es, además, variada, compleja, distinta cada vez. Por eso, Dios, en cada momento y en cada circunstancia, me da su gracia según la necesite. De ahí la clasificación que se ha hecho de la gracia. No es que haya distintos tipos de gracia, como distintos tipos de pescado hay en la pescadería; la gracia es una, lo que es rico y diverso es mi ser y mi existir, y Dios, en su infinita creatividad, vitalidad y bondad, se me entrega en modos diversos según precise. Estos modos diversos de la ayuda divina son las llamadas **gracias actuales.** Por desgracia, algunas veces hemos llegado a reducir la grandeza de la presencia de la vida divina en nosotros a estas *ayudas divinas,* que no son sino manifestaciones de su presencia y don continuos.

Seguro que se te ocurren ejemplos de tu vida en los que has *tocado* esa gracia, al experimentar alguna luz especial, cierta fuerza que no era tuya, o un deseo que Dios ha puesto en tu corazón. Todas esas son gracias actuales, que Dios está continuamente regalando a manos llenas, a todos los hombres de todos los tiempos. Podemos tener la convicción de que, cada día, a cada momento, la gracia de Dios nos precede *(gracia actual previniente)*, nos acompaña *(gracia actual concomitante)* y nos sigue *(gracia actual subsiguiente)*. A veces, Dios quiere obrar de modo casi arrollador, con gracias *tumbativas* en las que parece que la adhesión de la voluntad no existe (las llamadas gracias actuales operantes); otras veces –la mayoría– necesitan de mi decisión firme para hacerse efectivas (gracias actuales cooperantes). En cualquier caso, ya sea que Dios me tire Él mismo del caballo, ya sea que me sugiera sutilmente que me baje, la intervención divina requiere siempre de mi libertad, y, sobre todo, siempre, siempre, siempre, el bajar del caballo –el secundar las gracias– será camino y fuente de felicidad.

Gracias carismáticas. Por otro lado, la acción divina en el hombre se manifiesta también en las llamadas **gracias** especiales o **carismáticas.** Estas gracias especiales (técnicamente llamada **gratia gratis data** –gracia dada gratis–) incluyen aquellos dones extraordinarios que reciben algunas personas para beneficio de los demás fieles. En cualquier caso, como dice el Catecismo, «cualquiera que sea su carácter, a veces extraordinario, como el don de milagros o de lenguas, están ordenados a la gracia santificante y tienen por fin el bien común de la Iglesia. Están al servicio de la caridad, que edifica la Iglesia (cfr. *1 Co* 12)» (*CCE* n. 2003).

En resumen, «la gracia es, ante todo y principalmente, *el don del Espíritu que nos justifica y nos santifica.* Pero la gracia comprende también *los dones* que el Espíritu Santo nos concede para asociarnos a su obra, para hacernos capaces de colaborar en la salvación de los otros y en el crecimiento del Cuerpo de Cristo, que es la Iglesia. Estas son las *gracias sacramentales*, dones propios de los

distintos sacramentos. Son, además, las *gracias especiales*, llama-
das también "carismas", según el término griego empleado por S.
Pablo, y que significa favor, don gratuito, beneficio (cfr. *LG* 12)»
(*CCE* n. 2003).

Resumen

- El amor especial e incondicional de Dios hacia el hombre se manifiesta en su voluntad eterna de hacernos partícipes de su propia vida.

- El fin último de nuestra vida es precisamente ese: mi **vocación sobrenatural** de llegar a ser hijo suyo amadísimo para que, participando de la filiación del Hijo, pueda gozar con Él de la felicidad de la comunión con el Padre y con el Espíritu Santo. Es esto lo que quiere decir que hemos sido creados y predestinados en Cristo.

- La predestinación es al mismo tiempo llamada, vocación, pues es decisión de cada uno acogerla o rechazarla. Y porque hemos sido verdaderamente justificados, el pecado, asumido en el plan eterno de Dios, no cambia mi fin último, pues por la gracia soy verdaderamente justificado y elevado a la condición de hijo, condición que alcanzaré en plenitud en la gloria.

- **Gracia y justificación.**

  - La justificación es una apropiación de la justicia de Dios (solo Dios es justo) por medio de la gracia. El hombre es en Cristo verdaderamente justificado.

  - El renacimiento en Cristo por el Bautismo es verdadera transformación interior, supone el cambio ontológico del hombre de su condición de pecador a justo.

  - Pero el hombre no es solo justificado (remisión del pecado), sino al mismo tiempo santificado (elevado a la condición de hijo).

- **Gracia e inhabitación** de la Trinidad en el alma.

  – Dios, por medio de su gracia, está en nuestra alma como en su templo.

  – La inhabitación de las Tres Personas Divinas en el alma es fruto del envío del Espíritu al alma, e instaura un tipo de presencia de Dios en nosotros, que es distinta de la presencia de inmensidad que Dios tiene en todo lo creado, y que nos introduce en la vida divina.

  – Por la vida de la gracia, el hombre participa en la vida divina. De un modo misterioso pero real, soy introducido en las procesiones eternas de Dios, participando de ellas.

  – La prolongación de las procesiones eternas (generación del Hijo y espiración del Espíritu Santo) en mí eleva mis facultades –intelecto y voluntad– hasta alcanzar al mismo Dios en su intimidad, llegando a gozar del mismo Dios.

  – La fe es participación de mi inteligencia en la procesión eterna de la generación del Hijo, de modo que llego a conocer –en parte– como Dios mismo conoce; la caridad es participación de mi voluntad en la espiración del Espíritu Santo, de modo que llego a amar –en parte– como Dios ama.

- **Gracia y filiación divina.**

  – El don de la gracia nos constituye hijos del Padre en el Hijo por el Espíritu. La gracia, como participación en la vida divina, nos introduce en la relación paterno-filial en Dios. La gracia es prolongación de la generación del Hijo en nosotros y, por tanto, en su filiación, y es prolongación de la espiración del Espíritu Santo quien, como Don, nos dona esa filiación. El ser hijo es donado al creyente en Cristo.

  – La filiación en Cristo no nos corresponde por naturaleza, sino por gracia. Eso es lo que quiere decir que somos hijos de adopción, pues solo el Hijo Unigénito es Dios, es filiación y es generado eternamente; mientras que nosotros somos deificados, participamos de esa filiación y somos constituidos como hijos en el tiempo.

– El Padre nos ama en su Hijo, en quien somos coherederos de la gloria y hermanos de un mismo Padre. La plenitud de mi filiación divina es plenitud de mi ser.

● **La esencia de la gracia.**

– La gracia es verdadera recreación, nos transforma y regenera internamente, permitiéndonos obrar de manera sobrenatural. La gracia es, por tanto, un hábito entitativo, una cualidad estable que Dios infunde en el alma. Esta gracia santificante, como don habitual, perfecciona el alma y la hace capaz de vivir con Dios y actuar por amor a Él.

– Además, existen las gracias actuales, intervenciones divinas específicas que nos ayudan en momentos concretos de nuestra vida espiritual, y las gracias carismáticas, dones extraordinarios concedidos para el bien de la comunidad y la edificación de la Iglesia.

Capítulo 6
Una nueva vida

1. No vivo yo...
Naturaleza y gracia

... *es Cristo quien vive en mí* (*Ga* 2, 20). San Pablo puede decir que Cristo vive realmente en él, porque él, por la gracia, ya no es *solo* él, sino él en Cristo. ¿Pero se puede ser uno mismo y ser en Cristo? ¿En qué sentido y de qué modo? ¿Y no dejaré entonces de ser yo mismo, con mi personalidad única e irrepetible, para ser Otro?

A. Mi inserción en Cristo como plenitud de mi ser

«Se me quita el propio yo y es insertado en un nuevo sujeto más grande. Así pues, está de nuevo mi yo, pero precisamente transformado, bruñido, abierto por la inserción en el otro, en el que adquiere su nuevo espacio de existencia» (Benedicto XVI, *Homilía*, Vigilia Pascual 15 abril 2006). El Señor en el Evangelio utiliza la imagen de la vid y los sarmientos para explicar esta unión profunda que existe entre Él y el hombre en gracia: «Yo soy la vid, vosotros los sarmientos. El que permanece en mí y yo en él, ese da mucho fruto, porque sin mí no podéis hacer nada» (*Jn* 15, 5). No es solo que el hombre pueda o no vivir en Cristo como quien decide si comprarse o no una televisión. No es una opción voluntaria, es la opción necesaria si quiero llegar a la mejor versión de mí mismo, si quiero gozar de la verdadera felicidad y no de una ficticia.

Ser en Cristo es ser aquel que Dios ha pensado desde la eternidad, es ser en plenitud. Mi mejor *yo* será el fruto de la actuación del Tú en mí, dejando que el Espíritu Santo me vaya transformando en Cristo. El hombre sin la gracia no es hombre en sentido pleno; mi perfección no se halla en mí mismo, sino en mi yo injertado en Cristo. No me puedo comprender del todo si no es en Cristo, y no puedo ser verdaderamente yo mismo si no es en Él.

Parece un contrasentido, pero mi configuración y llamada a ser en Cristo pasa por el hecho de que mis capacidades, talentos, virtudes y dones naturales solo serán perfeccionados y alcanzarán su verdadera virtualidad y capacidad cuando le dejo a Él ser en mí. Para explicar esto, más que teorizar basta con mirar la vida de los santos. Una Madre Teresa no habría podido darse sin Cristo. Por otro lado, la riqueza de Cristo es inabarcable e insondable –Él es el Hombre–, por lo que mi configuración a su imagen es distinta de la de cualquier otra persona. Mi ser en Cristo es único e irrepetible. Cada uno a su modo, según su propio ser y su propio modo de amar, tiene un camino singularísimo de configuración con Cristo. No hay una persona igual a otra y no hay un santo igual a otro.

En cualquier caso, lo que sí es común es que, en esencia, mi ser en Cristo se traduce, necesariamente, en una identificación cada vez mayor en ser totalmente para el Padre y para todos los hombres. Cristo es pura referencialidad al Padre y pura donación a la humanidad entera. Donación total de su ser. Recibe todo del Padre y lleva a cumplimiento perfecto su voluntad para la salvación de todos los hombres (*1 Tm* 2, 6): ser amado, amar y amar hasta el final al Padre, y amar hasta el extremo –hasta la muerte en Cruz– a todos a los hombres. Ser otro Cristo pasa necesariamente por ahí, por vivir la vida en clave de donación, de amor. La identificación con Cristo es necesariamente esto: saberse amado plenamente por el Padre y amar hasta el extremo. Recibirlo todo y entregarlo todo. «Cristo murió por todos. Vivir para Él significa dejarse moldear en su "ser-para"» (Benedicto XVI, *Spe Salvi*, n. 28).

B. Una nueva dinámica de mi existencia

Por tanto, decir que el cristianismo consiste en seguir a Cristo es cierto, pero incompleto. El seguimiento de Cristo no consiste tanto en imitar *exteriormente* sus obras, actitudes y palabras –que también–, sino en dejar que el Espíritu Santo nos vaya moldeando interiormente a su imagen. Esto es vivir en Cristo. Con lo explicado hasta aquí sobre la vida de la gracia deberíamos estar en condiciones de rechazar de raíz la tentación, que se nos puede presentar no pocas veces, de reducir el seguimiento de Cristo a una cuestión *moral*, de perfección ética o incluso de cumplimiento agotador. La explicación de Benedicto XVI sobre el tema es magistral. En su libro *Jesús de Nazaret II*, hace una interpretación preciosa y muy sugerente sobre algunos versículos del capítulo 13 de san Juan. A partir de las palabras de Jesús *Pues si yo, el Maestro y el Señor, os he lavado los pies, también vosotros debéis lavaros los pies unos a otros: os he dado ejemplo para que lo que yo he hecho con vosotros, vosotros también lo hagáis* (Jn 13, 14ss), se pregunta: «¿En qué consiste la novedad del mandamiento nuevo?», cuestionándose si «habría que definir el cristianismo como una especie de esfuerzo moral extremo», como «el camino más elevado de una exigencia radical, en la cual se habría manifestado en la humanidad un grado superior de humanismo». Su respuesta es categórica: «No, la verdadera novedad del mandamiento nuevo no puede consistir en la elevación de la exigencia moral. Lo esencial (...) no es precisamente la llamada a una exigencia suprema, sino al **nuevo fundamento del ser que se nos ha dado.** La novedad solamente puede venir del **don de la comunión con Cristo, del vivir en Él** (...). **La inserción de nuestro yo en el suyo –**"vivo yo, pero no soy yo, es Cristo quien vive en mí" (*Ga* 2, 20)– es lo que verdaderamente cuenta». Previamente había explicado que el hombre es verdaderamente purificado por «todo el misterio de Cristo en su conjunto –de su vida y de su muerte–, en el que Él se acerca a nosotros los hombres y entra en nosotros mediante su Espíritu y nos transforma, lo renueva desde dentro», de modo que el don de Cristo supone para el hombre «la **dinámica de una nueva existencia**. La exigencia de hacer lo que Jesús hizo no es un apéndice moral al misterio y, menos aún, algo en contraste con él. Es una consecuencia de la dinámica intrínseca del don con el cual el Señor nos convierte en hombres nuevos y nos acoge en el suyo». El Papa termina el capítulo con una precisa sugerencia: «Debemos dejarnos sumergir en la misericordia del Señor; entonces también nuestro "corazón" encontrará el camino recto. El "mandamiento nuevo" no es simplemente una exigencia nueva y superior. Está unido a la novedad de Jesucristo, al sumergirse progresivamente en Él. Siguiendo en esta línea, Tomás de Aquino pudo decir: "La nueva ley es la misma gracia del Espíritu Santo" (*ST* I-II, q. 106, a. 1), no una norma nueva, sino la nueva interioridad dada por el mismo Espíritu de Dios. Agustín pudo resumir al final esta experiencia espiritual de la verdadera novedad en el cristianismo en la famosa fórmula: "*Da quod iubes et iube quod vis*", "dame lo que mandas y manda lo que quieras" (*Con. X,* 29, 40)».

Este es un punto fundamental que nunca será suficientemente reiterado –¡se nos olvida tan fácilmente!–, la vida cristiana no se puede reducir a la moral cristiana, sino que esta ha de ser manifestación, consecuencia y fruto de nuestra nueva vida en Cristo.

C. Don y tarea

Ahora bien, la pregunta pertinente e ineludible es: ¿cómo esta participación en la vida divina se relaciona con mi realidad más común, vulgar y ordinaria, con mi propio modo de ser, de actuar, de pensar y sentir? Esta nueva dinámica de mi existencia que es la vida de la gracia, ¿cómo y en qué sentido afecta a mi *dinámica vieja*? Otra tentación –que se ha dado también en la historia con el *quietismo*– es la de pensar que, puesto que la gracia es lo primero, absolutamente necesario y fundamental, uno mismo no ha de hacer absolutamente nada. Ya todo lo hace Dios y *solo* Dios. En realidad, el texto de Benedicto XVI citado termina con esta frase: «Ser cristiano es ante todo un don, *pero que luego se desarrolla en la di-*

námica del vivir y poner en práctica este don». Esto es lo segundo que hemos de considerar –y no menos importante–. Efectivamente, la vida de la gracia no es algo automático, no funciona como los algoritmos, esto es, a «x» gracia corresponde «y» santidad. Cualquiera que tenga un poco de «experiencia» en la vida sacramental sabe bien que, efectivamente, el enfadarse con cualquier conductor nada más salir de Misa es bastante más habitual de lo que nos gustaría. Entonces, ¿en qué sentido puedo decir que soy una nueva criatura porque he recibido una vida nueva?

Henri de Lubac explica que la vida de la gracia «no [es] como una *sobrenaturaleza* con sustancia y consistencia propias que vendría a superponerse a la naturaleza humana, a todo su crecimiento y a todas sus creaciones (a toda su cultura adquirida). Tampoco la desaloja. Ni la desdeña ni la sustituye: le da forma, la rehace, según la necesidad, la exorciza, la transfigura en todas sus concepciones y actividades». Desgranemos la frase:

1. Lo primero de todo: *no es una sobrenaturaleza, con sustancia y consistencia propias que vendría a superponerse a la naturaleza humana, a todo su crecimiento y a todas sus creaciones (a toda su cultura adquirida). Tampoco la desaloja. Ni la desdeña ni la sustituye.*

Por la vida de la gracia, el Espíritu Santo actúa *en* mí y *a través de* mí. No al margen de mí, con independencia propia y por su cuenta y riesgo. Bueno, Él actúa como quiere, y extraordinariamente puede actuar al margen de la naturaleza –como en los milagros–, pero su actuación ordinaria en las almas es respetando y contando con aquello que somos y tenemos (*no la desaloja, ni la desdeña ni la sustituye*, dice De Lubac). Su acción en mí es a partir de lo que hay. *De donde no hay, no puede sacar*, por decirlo sencillamente. En y a través: son preposiciones que indican que hay *algo* sobre lo que se actúa. La gracia no puede elevar aquello que no existe. No puede actuar si no hay un fundamento real. Por poner un ejemplo (y al margen de los carismas extraordinarios), si en Misa he estado hablando por WhatsApp, es bastante difícil que el Espíritu Santo pueda sugerirme un deseo de conversión, para ello es necesario que esté en actitud de atención y escucha. Si estoy con esa disposición, quizá algo de lo que oiga o perciba pueda servirle al Espíritu Santo para sugerirme algo. O bien, si soy *hipercaótico*, no puedo pretender que con solo pedir a Dios la virtud del orden vaya a llegar a serlo. Algo tendré que poner de mi parte... lo de *a Dios rogando y con el mazo dando* se aplica aquí perfectamente. «Porque las virtudes humanas componen el fundamento de las sobrenaturales» (San Josemaría, *Amigos de Dios*, n. 74), son la base, la tierra a partir de la cual la planta puede crecer con el sol y el agua de la gracia de Dios.

2. Lo segundo: *le da forma, la rehace, según la necesidad, la exorciza, la transfigura en todas sus concepciones y actividades.* Es decir, partiendo de lo que hay, de mi naturaleza concreta, el Espíritu Santo me va configurando a imagen de Cristo. ¿De qué modos? Es imposible abarcar la infinidad de maneras en las que actúa, pero se podrían agrupar en tres:

– *Le da forma.* Mis actos ya no son solo actos humanos, sino actos elevados por la gracia al ámbito sobrenatural. Toda mi vida adquiere un valor, un sentido y un contenido sobrenatural pues mi ser y actuar está informado (le da forma) por la gracia, por las virtudes sobrenaturales de la fe, la esperanza y la caridad. Dice el Catecismo que las «las virtudes teologales *fundan, animan y caracterizan* el obrar moral del cristiano. *Informan y vivifican* todas las virtudes morales» (n. 1813). Tienen un nuevo fundamento, un nuevo espíritu, una nueva alma. Cuando decimos que la gracia da una nueva forma, no nos referimos a la forma externa, sino a la interna, al motor, forma que informa desde dentro. Dice Romano Guardini que el Espíritu Santo «puede estar en el creyente sin menoscabar la densidad de la forma humana, sin anular la interioridad de la vida humana ni atentar contra la dignidad de la persona: puede estar en él como *forma que lo informa*, como poder que lo dirige; como posición y punto de apoyo desde el que vive. En todo creyente se realiza de nuevo la vida de Cristo, de acuerdo con los presupuestos y el modo de su personalidad. Siempre es Cristo quien vive en él; por eso es el hombre el que ahora queda libre para llegar a su auténtica humanidad». El hecho tan corriente de comer puede ser en el creyente injertado en Cristo un acto netamente cristológico, es decir, un acto de alabanza al Padre, un acto sobrenatural. «Tanto si coméis, como si bebéis o hacéis cualquier otra cosa, hacedlo todo para gloria de Dios» (*1 Co* 10, 31).

- *La rehace, según la necesidad, la exorciza.* La gracia purifica, impia, ordena, arranca el pecado, sana, reconstruye, cierra heridas. La gracia de Dios lo puede todo. No podemos pensar que solo actúa en aquello que humanamente sea ordenado, bueno y recto... Entonces apaga y vámonos. Cerramos el chiringuito, aquí nadie se salva. Decir que lo humano es el fundamento de lo sobrenatural no es sinónimo de decir que Dios solo actúa a través de mi *perfección*. La contrición y la humildad que nos provocan nuestras miserias, además de ser ya una gracia, es un imán a la gracia de Dios. Pero, además, si podemos llegar a obrar de modo conforme a la voluntad de Dios, es necesariamente en virtud de la gracia que obra en nosotros. El Espíritu Santo «riega la tierra en sequía, sana el corazón enfermo, lava las manchas, infunde calor de vida en el hielo, doma el espíritu indómito, guía al que tuerce el sendero» (secuencia al Espíritu Santo). Donde abunda el pecado, sobreabunda la gracia; donde abunda la miseria, sobreabunda la misericordia; donde abundan las heridas, sobreabunda la transfiguración de las heridas. Seguramente, las mayores maravillas que Dios haga en mi vida sean precisamente a través de mi miseria más que a través de mi virtud.

- *La transfigura en todas sus concepciones y actividades*. Cito a Carlos Villar: «El cristiano, injertado en Cristo, vive la misma calidad de la filiación de Cristo. Del mismo modo que el sarmiento participa de la misma savia de la vid, así ocurre con el cristiano por la fuerza del bautismo. El soplo amoroso del Espíritu Santo enciende en el corazón del bautizado una *auténtica transfiguración:* convierte ese corazón de piedra –cerrado al Logos– en uno de carne (cfr. *Ez* 11, 19), una carne abierta a la comunión filial (cfr. *Rm* 5, 5). Se comienza entonces a vivir, a palpitar, con el mismo respiro de Dios. Se hace así capaz de detectar los rasgos, las energías –al decir de la teología oriental– del Verbo en cada fragmento de mundo (...). Vivir con hondura las realidades que tejen la dimensión de lo humano –la amistad, la paternidad, la maternidad, la filiación, el trabajo, la sexualidad, el matrimonio, el celibato– se configura como el cauce por el que la gracia perfecciona la naturaleza, pero sin suplirla. De otro modo no hablaríamos de fe, sino de magia. El desarrollo armónico de la naturaleza permite que la gracia de Dios vaya *transfigurando, divinizando*, el corazón humano» (Carlos Villar, *La verdadera noche es luz*).

Conclusión: ni solo gracia –la gracia eleva, no suplanta– ni solo naturaleza –la identificación con Cristo no es solo seguimiento–. Naturaleza y gracia, libertad y gracia. Don y tarea. A este respecto, es interesante la apreciación que hace A. Johann: «como demuestran los ejemplos del "revestimiento de Cristo", Pablo expresa estas verdades de dos formas completamente distintas: unas veces, como hecho consumado (os habéis revestido), otras, en forma de exhortación (revestíos); es decir, *en indicativo y en imperativo* (R. Bultmann). Lo que el hombre alcanza en Cristo es tanto *gracia como tarea, don y deber*. Esto aparece con singular claridad cuando

Pablo describe el efecto del bautismo (cfr. *Rm* 6, 2-12). La asimilación a Cristo exige un seguimiento de Cristo». En este seguimiento, el ejercicio de las virtudes no es secundario, pero en Cristo no es estoico e imposible.

Virtudes morales infusas

La gracia eleva mi naturaleza y sus potencias, sus capacidades naturales. El hombre en gracia cuenta con toda la fuerza de Dios, que se manifiesta en su obrar, en el ejercicio de las virtudes. Si el pecado daña y tuerce nuestra inteligencia y nuestra voluntad, la gracia la sana y endereza. «La virtud es una disposición estable y firme para obrar el bien» (*CCE* n.1833), pero esa disposición no cuenta solo con sus propias fuerzas para llegar a ser recta y poder obrar bien, sino con la ayuda de los dones divinos. Las virtudes del hombre en gracia no son solo virtudes morales, sino virtudes morales *infusas* porque Dios, al *infundir* su gracia en nosotros, en cierta manera actúa en mí. Él impulsa, interviene, ayuda y sostiene. «Las virtudes morales sobrenaturales son, como todas las virtudes morales, asunto primordial del hombre. Se las llama sobrenaturales porque en su origen y su formación tiene que intervenir poderosamente la gracia» (A. Johann).

– Frente a la ignorancia fruto del pecado, la **prudencia** sobrenatural nos facilita discernir lo bueno y verdadero y elegirlo.

– Frente a la malicia, la **justicia** sobrenatural nos impulsa a desear y luchar por el bien de los demás y por mi propio bien.

– Frente a la debilidad, la **fortaleza** sobrenatural me sostiene en la dificultad y me empuja a actuar.

– Frente a la concupiscencia, la **templanza** sobrenatural sosiega mis impulsos desordenados y endereza mis deseos desvirtuados.

El seguimiento de Cristo es posible porque Él es la nueva dinámica de mi existencia. Eso no quiere decir que sea fácil, pues «¿no es milicia la vida del hombre sobre la tierra, y sus días como los del jornalero?» (*Jb* 7, 1). Lo que quiere decir es que, verdaderamente, puedo contar con Él en todo y para todo.

2. Manantial de vida eterna
Virtudes sobrenaturales

La gracia *inhiere* en el ser, transformándonos en nuevas criaturas, criaturas que pueden ahora obrar al modo sobrenatural. La gracia nos penetra y nos cambia desde dentro, de modo que nuestro obrar tiene ahora otro principio, la vida divina de la que participamos. De igual modo que el obrar sigue al ser, las virtudes teologales siguen a la gracia. «El agua que yo le daré se hará en él fuente de agua que salta hasta la vida eterna» (*Jn* 4, 14). La gracia en mí es un manantial de aguas de vida eterna, del que manan tres caudales: **la fe, la esperanza y la caridad,** que son como la manifestación, el efecto, el fruto en mi obrar de la vida divina que habita en mí. Explica el *Decreto sobre la Justificación* (C. Trento, 1547) que «la caridad de Dios se derrama por medio del Espíritu Santo en los corazones (*Rm* 5, 5) de aquellos que son justificados *y queda en ellos inherente*. De ahí que, en la justificación misma, juntamente con la remisión de los pecados, recibe el hombre las siguientes cosas que a la vez *se le infunden*, por Jesucristo, en quien es *injertado:* la fe, la esperanza y la caridad» (Cap. 13). Nuestra inserción en Jesucristo se manifiesta primera y principalmente en esta tríada de virtudes que desde el Bautismo el hombre posee.

Ciertos autores han identificado las virtudes teologales y la gracia, pero, como ya se ha puesto de manifiesto, la gracia y las virtudes no son lo mismo. La explicación de santo Tomás es clara: de igual modo que las virtudes naturales están en función y derivan de la naturaleza humana, las virtudes teologales siguen a la naturaleza divina participada por la gracia. «Las virtudes adquiridas mediante los actos humanos son disposiciones por las que el hombre queda convenientemente dispuesto de acuerdo con su

Una nueva vida

propia naturaleza. En cambio, las virtudes teologales disponen al hombre de una manera más elevada y en orden a un fin más alto; luego lo disponen también en función de una naturaleza de orden superior. Lo hacen, en efecto, en función de la naturaleza divina participada (...). Por tanto, así como la luz natural de la razón es cosa distinta de las virtudes adquiridas, que se desarrollan en función de esa luz natural, así también la misma luz de la gracia, por la que participamos de la naturaleza divina, es cosa distinta de las virtudes teologales, que se derivan de esa luz y a ella se ordenan. (...) Porque, así como las virtudes adquiridas perfeccionan al hombre para que ande en consonancia con la luz natural de la razón, así las virtudes teologales lo perfeccionan para que marche de acuerdo con la luz de la gracia» (*ST* I-II, q. 110, a. 3). Las virtudes teologales se derivan de la luz nueva de la gracia; la gracia es el manantial de aguas profundas que, desde el interior de mi ser, brota hacia fuera y vierte los tres caudales de las virtudes teologales.

Se llaman **virtudes teologales o virtudes infusas** porque, como explica el Catecismo, «son infundidas por Dios en el alma de los fieles para hacerlos capaces de obrar como hijos suyos y merecer la vida eterna» (n. 1813) sin que pueda de ningún modo el hombre alcanzarlas por sus propias fuerzas. Por tanto, su causa eficiente o causa primera es Dios, así como es el mismo Dios también su objeto, contenido y fin. Dios me concede el don de creer y conocerle en Él, de conocer como Él conoce, y de amarle a Él como Él ama.

¿Por qué estas tres y no dos, cuatro o siete? Es la Sagrada Escritura la que nos presenta estas tres virtudes juntas, como expresión de esa "nueva dinámica de la existencia" del cristiano. San Pablo aplica su concepción trinitaria de la salvación a la manifestación de esa salvación en el hombre: «Sin cesar recordamos ante nuestro Dios y Padre vuestra *fe* operativa, vuestra *caridad* esforzada y vuestra constante *esperanza* en nuestro Señor Jesucristo» (*1 Ts* 1, 3) y «los que duermen, de noche duermen, y los que se embriagan, de noche se embriagan; pero nosotros, que somos del día, mantengámonos sobrios, estemos revestidos con la coraza de la *fe* y de la *caridad*, con el yelmo de la *esperanza* de salvación» (*1 Ts* 5, 8). Son muchos los lugares en los que aparecen juntas estas tres virtudes (*Rm* 5, 15; *1 Co* 13, 13; etc.), y es que, ciertamente, el crecimiento en nuestra vida de unión con Cristo es crecimiento en todas ellas; «fe, esperanza y caridad, en admirable urdimbre, constituyen el dinamismo de la existencia cristiana hacia la comunión plena con Dios» (Papa Francisco, *Lumen Fidei,* 7). Por otro lado, fe, esperanza y caridad corresponden, en cierto sentido, a «las tres dimensiones del tiempo: la obediencia de la fe acepta la Palabra que viene de la eternidad, y, promulgada en la historia, se transforma en amor, en presente, y abre así la puerta de la esperanza» (J. Ratzinger).

A. La luz de la fe

Lumen Fidei, la luz de la fe, es el título de la primera Encíclica del Papa Francisco, en la que presenta la fe como la luz que es capaz de iluminar toda la existencia del hombre. La fe es más claridad que oscuridad, más luz que tinieblas, más convicción que duda. El Evangelista Juan relaciona frecuentemente la fe y la visión, así como la fe y el conocimiento: «¿No te he dicho que, *si crees, verás* la gloria de Dios?» (*Jn* 11, 40). Creer y ver, creer y saber. Porque mediante la virtud de la fe, mi propio pensamiento participa en el pensamiento de Jesús. La luz de la fe no es propia, no es *subjetiva*, no depende de mi confianza ciega. La luz de la fe es participación en la luz de Dios, y por lo mismo es plena y totalmente gracia, no acción ni realización personal. «En tu luz vemos la luz», dice el salmo 36. Pero como Dios es infinito, esa luz para nosotros los hombres es al mismo tiempo oscuridad (A. Johhan). El *claroscuro* de la fe, decía san Josemaría.

«Una luz tan potente no puede provenir de nosotros mismos; ha de venir de una fuente más primordial, tiene que venir, en definitiva, de Dios. La fe nace del encuentro con el Dios vivo, que nos llama y nos revela su amor, un amor que nos precede y en el que nos podemos apoyar para estar seguros y construir la vida. Transformados por este amor, recibimos ojos nuevos, experimentamos que en él hay una gran promesa de plenitud y se nos abre la mirada al futuro. La fe, que recibimos de Dios como don sobrenatural, se presenta como luz en el sendero, que orienta nuestro camino en el tiempo» (*Lumen Fidei*, 4).

Si la fe es don de Dios, efectivamente no es algo meramente *subjetivo* –como lo entendía Lutero–, una adhesión firme de mi intelecto a lo que Dios ha manifestado; la fe tiene un contenido *objetivo*: es participación real –aunque misteriosa y limitada– en la procesión eterna de la generación del Hijo. Dios Padre, en un acto eterno de autoconocimiento, genera al Hijo, que es imagen perfecta del Padre y, por tanto, relación subsistente (Persona). Mi participación en la vida divina se manifiesta en que en mí se prolonga –en cierta manera– la procesión eterna de la generación del Hijo, de modo que ahora la capacidad de mi inteligencia es ampliada, hasta llegar a alcanzar al mismo Dios; hasta llegar a conocer *como* Dios conoce. Ese *como* no equivale a igualdad, sino a proximidad, a cierta semejanza. Esto es, por la fe, llego a conocer a Dios, a conocerme a mí, el mundo y a los demás, *al modo* (parcialmente) en que Dios mismo se conoce, me conoce y conoce el mundo y a los demás; llego a participar de la visión que Dios tiene de sí mismo, de mí, de los demás y del mundo. Santo Tomás lo sintetiza del siguiente modo: «en la potencia intelectiva participa el hombre del conocimiento divino por la virtud de la fe» (*ST* I-II, q. 110, a. 4).

Por eso, «se puede pensar que la convicción subjetiva que el creyente experimenta sea producida por la realidad objetiva de la fe, la luz de la fe, de tal modo que la fe no se identifica con dicha convicción, sino que la produce» (O'Callaghan, ídem, p. 399). A más fe, más visión, más confianza.

La fe es, por tanto, ver con los ojos del mismo Cristo. En la película de *La sociedad de la nieve* (2023), hay una escena que bien podría representar esta concepción de la fe como el ver con los ojos de Otro. Nando Parrado y Roberto Canessa han emprendido una imposible expedición de rescate. La única posibilidad que les queda para salvarse a sí mismos y a sus amigos es tratar de atravesar los Andes para llegar a Chile. Tras días de durísima ascensión, llegan a una cumbre, con la esperanza de vislumbrar, al otro lado, un valle que los lleve a aquel país. Pero ante sus ojos se encuentran hileras de montañas, toda una cordillera que les separa irremediablemente de su destino. La desesperación se apodera de Roberto Canessa, es imposible llegar vivos a Chile, no tienen ni alimentos ni fuerzas. La reacción de Nando Parrado es bien distinta, cree poder llegar, lo ve, está convencido. Roberto le mira sin comprenderle y le pregunta: «¿me estás pidiendo que muera contigo?»; a lo que Nando responde: «yo te estoy pidiendo que me acompañes. Mira, ¿ves esos dos picos? Ahí no hay nieve. ¿Lo ves? Ahí está Chile». Pero Roberto no mira donde le señala Nando, porque él no ve nada, está ciego por la desesperanza y el pesimismo. Roberto mira a su amigo con extrañeza, y quizá al mismo tiempo con el deseo de que su propia mirada sea la de su compañero. «¿Lo ves?», repite Nando. Roberto le mira todavía con más intensidad, no ve, no entiende, pero ve al amigo y su fe, y es entonces cuando la visión del amigo se hace propia: él no ve, pero su amigo sí, y de la comunión con el amigo, de la amistad y la admiración hacia él nace una nueva visión de la realidad. El amigo le hace partícipe de su propia visión, y él empieza a ver a través de los ojos del amigo. La fe es ver, no con los ojos de la carne, sino con los del espíritu, espíritu en el que habita, por la gracia, el Espíritu de Dios. Yo no puedo ver, pero Él, desde dentro, me hace capaz de ver.

Vista así, se entiende que la fe suponga una ampliación del intelecto, pues aquello que estaba cerrado a su conocimiento (los misterios de Dios, del mundo y el hombre) se presenta ahora como su objeto. Fe y razón no se contraponen, sino todo lo contrario, se necesitan y se alimentan mutuamente: mi razón se dilata por la fe y mi fe se acrecienta a medida que descubro su razonabilidad. Los argumentos de fe no son argumentos que vayan en contra de la razón, sino que tienen una razón *superior*. Si te interesa el tema, te recomiendo la encíclica de san Juan Pablo II *Fides et Ratio* de 1986.

En Cristo, como Hijo encarnado que ve al Padre cara a cara, no hay fe, hay visión, hay plena luz; nosotros creemos aquello que Cristo ve plenamente y nos ha comunicado. La fe es comunión de pensamiento con Cristo, es ver con los ojos de Cristo. Cristo ve continuamente al Padre, el amor del Padre y nos transmite ese amor: «nosotros hemos *conocido* y *creído* en el amor que Dios nos tiene» (*1 Jn* 4, 16). De nuevo, conocimiento y fe, porque la fe en el amor de Dios es conocimiento, visión del amor de Dios. «Hemos creído en el amor de Dios: así puede expresar el cristiano la opción fundamental de su vida» (Benedicto XVI, *Deus Caritas Est*, n. 1).

La fe solo puede darse en la tierra, donde visión y oscuridad van de la mano. En la gloria ya no habrá fe porque veremos a Dios cara a cara, poseeremos y gozaremos del amor de Dios; y si hay visión, si hay posesión, no hay fe. «Porque ahora vemos como en un espejo, borrosamente; entonces veremos cara a cara. Ahora conozco de modo imperfecto, entonces conoceré como soy conocido» (*1 Co* 13, 12).

B. Una esperanza que no defrauda (Rm 5, 5)

Cristo convierte la súplica del salmista: «Dios mío, en Ti confío, no quede yo defraudado» (*Sal* 25, 2) en esperanza que no defrauda, porque siendo todavía pecadores, murió por nosotros, demostrando así su amor hacia nosotros (cfr. *Rm* 5, 8). Porque aquello que Dios me consigue con su Muerte y con su Resurrección, y que ya poseo aquí y ahora por la gracia, espero alcanzarlo plenamente en la vida eterna. Este es el contenido fundamental de la virtud de la esperanza: la vida eterna.

Dice santo Tomás que el objeto de la virtud de la esperanza «es el bien futuro, arduo y asequible (...) en cuanto esperamos algo como asequible gracias a la ayuda divina, nuestra esperanza llega hasta Dios mismo, en cuya ayuda nos apoyamos; (...) y ese bien que debemos esperar de Dios es un bien infinito proporcionado al poder de Dios que ayuda, ya que es propio del poder infinito llevar al bien infinito, y este bien es la vida eterna, que consiste en la fruición del mismo Dios. En efecto, de Dios no se puede esperar un bien menor que Él, ya que la bondad por la que comunica bienes a sus criaturas no es menor que su esencia. Por eso el objeto propio y principal de la esperanza es la bienaventuranza eterna (*ST* II-II, q. 8, a. 1 y 2). La esperanza me lleva a esperar de Dios la vida eterna, es decir, al mismo Dios.

La fe y la esperanza se relacionan estrechamente. Benedicto XVI, en la encíclica *Spe Salvi*, explica esta relación partiendo de la definición de fe que encontramos en la carta a los Hebreos: «la fe es *fundamento* de las cosas que se esperan, *prueba* de las que no se ven» (*Hb* 11, 1). El Papa aclara que, en el original griego, el término que se ha traducido por fundamento es *hypostasis* (*substancia* en latín y sustancia en castellano), palabra que hace referencia a una realidad objetiva. Dice Benedicto XVI: «Tomás de Aquino explica [que] la fe es un *habitus*, es decir, una constante disposición del ánimo, gracias a la cual comienza en nosotros la vida eterna y la razón se siente inclinada a aceptar lo que ella misma no ve. Así pues, (...) por la fe, de manera incipiente, podríamos decir "en germen" –por tanto, según la "sustancia"– ya están presentes en nosotros las realidades que se esperan: el todo, la vida verdadera. Y precisamente porque la realidad misma ya está presente, esta presencia de lo que vendrá genera también certeza: esta "realidad" que ha de venir no es visible aún en el mundo externo (no "aparece"), pero debido a que, como realidad inicial y dinámica, la llevamos dentro de nosotros, nace ya ahora una cierta percepción de la misma» (*Spe Salvi,* n. 7). Es decir, por la fe, la vida divina, la vida eterna, está en mí de un modo real pero incompleto (en germen) y en virtud de la esperanza, tengo la certeza de que la alcanzaré en plenitud. La fe engendra esperanza porque por la fe la vida eterna está presente en mí "en germen" pero objetivamente, siendo, por tanto, perceptible aquello que confío alcanzar plenamente: la vida eterna, Dios mismo.

En realidad, todos los bienes escatológicos –aquellos que alcanzaremos al final de mi vida o al final de los tiempos– son objeto de la virtud de la esperanza: «espero la resurrección de los muertos y la vida del mundo futuro» decimos en el Credo. Solo por el don de la esperanza, uno puede aguardar alcanzar aquello que es plenamente sobrenatural y que escapa totalmente de la comprobación empírica. «Porque la captación de ese objeto solo es posible en la fe, y en consecuencia por virtud de la gracia; porque la esperanza como postura descansa exclusivamente sobre nuestra unión mística con Cristo. Porque solo en Cristo es posible superar el tiempo de espera de este mundo; en Cristo poseemos ya la fianza de la gloria futura: "Cristo en medio de vosotros, la esperanza de la gloria" (*Col* 1, 27)» (A. Johann). Al igual que la fe y la caridad, la virtud de la esperanza no solo tiene como objeto a Dios, sino que Él mismo es su motor y su fuente, su causa. Si el hombre puede esperar en Dios contra toda esperanza, cuando todo a su alrededor parece decir que no es posible esperar nada, es porque Él suscita la convicción, la serenidad y la fuerza de una esperanza firme en Él. «Para que el Dios de nuestro Señor Jesucristo, el Padre de la gloria, os conceda el Espíritu de sabiduría y de revelación para conocerle; iluminando los ojos de vuestro corazón, para que sepáis cuál es la esperanza a la que os llama, cuáles las riquezas de gloria dejadas en su herencia a los santos, y cuál es la suprema grandeza de su poder en favor de nosotros, los creyentes, según la eficacia de su fuerza poderosa» (*Ef* 1, 17-19). Es Él quien nos colma de esperanza: «Que el Dios de la esperanza os colme de toda alegría y paz en la fe, para que abundéis en la esperanza con la fuerza del Espíritu Santo» (*Rm* 15, 13).

Ciertamente, solo tiene sentido esperar aquello que Dios ha prometido, que solo Él puede dar y que es lo único capaz de saciar nuestro corazón: Él mismo. La esperanza en las cosas del mundo acaba siempre, de un modo u otro, en desesperación, al comprobar que las instituciones, los proyectos y las personas, o bien acaban fallando, o bien no terminan de llenarnos. Solo Dios es fiel y nuestro corazón solo está hecho para Él. La esperanza es la actitud fundamental del cristiano, que tiene orientadas sus expectativas y deseos en el Amor de Dios. Si por la fe nuestro entendimiento es capaz de participar del conocimiento divino, por la esperanza son orientados nuestros deseos hacia ese conocimiento y posesión del Amor de Dios.

C. La caridad, plenitud de la Ley (Rm 13, 10)

«Como el cuerpo sin espíritu está muerto, así también la fe sin obras está muerta» (St 2, 26). La fe sin obras de caridad no es fe, pues si por la fe mi intelecto participa del conocimiento divino y si «Dios es amor», ciertamente «el que no ama no ha llegado a conocer a Dios» (cfr. 1 Jn 4, 8), no tiene fe. El que no ama, puede conocer a Dios a nivel teórico, como realidad *informativa,* con una fe intelectual que no es fe sobrenatural, sino humana. Pues por la caridad mi «facultad volitiva participa del amor divino» (ST I-II, q. 110, a. 4). La virtud de la caridad me hace partícipe de la vida íntima de Dios, de la dinámica de Amor mutuo entre el Padre y el Hijo que es la Persona de Espíritu Santo. La fuente y motor de la caridad es Dios, y no uno mismo, amar es amar como Dios ama. Así lo expresa san Juan: «En esto consiste el amor: no en que nosotros hayamos amado a Dios, sino en que Él nos amó y envió a su Hijo como víctima propiciatoria por nuestros pecados» (1 Jn 4, 10). Y de ese mismo amor que es Él me hace partícipe. La caridad es amar *a* Dios *en* Dios, amarle con su mismo amor y como Él ama. Por eso, el objeto de la caridad es doble: como Dios se ama a sí mismo y ama a todos los hombres en Jesucristo, así la caridad cristiana no es tal si no es amor a Dios y amor al prójimo. «Queridísimos: amémonos unos a otros, porque el amor procede de Dios, y todo el que ama ha nacido de Dios, y conoce a Dios» (1 Jn 4, 7).

Si la fe es comunión de pensamiento con Jesús, la caridad es comunión de sentimientos, afectos y voluntad con Jesús: «tened entre vosotros los mismos sentimientos de Cristo Jesús» (*Flp* 2, 5). La caridad sobrenatural es identificación con la voluntad del Padre, cumplimiento perfecto de sus designios, que pasan por la cruz como medio privilegiado de manifestación de amor. Desde el pecado, la otra cara del amor es el dolor, pero si es Cristo quien vive en mí, el sufrimiento del amor es más amor que dolor, como lo fue para Él la cruz.

La caridad lleva a perfección la voluntad y los afectos que, informados por ella, alcanzan su fin. No estamos aquí para amar un poco, ni para amar aquello que no nos colme verdaderamente. La caridad es capaz de llenar y acrecentar cada vez más nuestra capacidad de amar y, al mismo tiempo, en ese ejercicio del amor, crece nuestra libertad. Dice santo Tomás que *quanto aliquis plus habet de caritate, plus habet de libertate*, a más caridad, más libertad.

Cualquier acto humano sin caridad sobrenatural es como coser sin hilo. La caridad es la forma de las demás virtudes, *forma omnium virtutum* (Pedro Lombardo, *Glossa maior*, PL 191, 1324); si falta la caridad, no hay virtud, porque sin su principio vital que las informa y que es la caridad, «de nada me aprovecharía», «no sería nada». «Aunque hablara lenguas de los hombres y de los ángeles», aunque supiera 7 idiomas, «y aunque tuviera el don de profecía y conociera todos los misterios y toda la ciencia», aunque fuera premio Nobel de astrofísica, aunque me supiera de memoria la Suma Teológica, «y aunque tuviera tanta fe como para trasladar montañas», aunque fuera predicando por doquier, «aunque repartiera todos mis bienes y entregara mi cuerpo para dejarme quemar», aunque entregara mi tiempo y dinero a los pobres, «si no tengo caridad, no sería nada». Si no tengo caridad, nada. La mayor de las virtudes es la caridad (cfr. *1 Co* 13, 1.3.13). Y en la gloria, la comunión con Dios será perfecta, la caridad será plena. Ya no habrá fe, sino visión, no habrá esperanza, sino certeza. Solo caridad. Vale la pena ejercitarme aquí, de modo que Dios pueda agrandar al máximo mi corazón, capacitarlo para recibir y acoger lo más posible el amor de Dios. En función de lo que *me quepa* aquí, gozaré allí.

Dones del Espíritu Santo

Por último, debemos mencionar, aunque sea muy brevemente, los dones con los que el Espíritu Santo nos enriquece. La fuerza del Espíritu Santo se manifiesta en mi vida a través de sus siete dones, con los que Él mismo me sostiene y me hace dócil a sus impulsos (cfr. *CCE* n. 1830). Mi inteligencia es iluminada con los dones de la sabiduría, de la ciencia, del entendimiento y del consejo. Mi voluntad es vigorizada y amoldada con los dones de la fortaleza, de la piedad y del temor de Dios. Estos dones pertenecen a Cristo en plenitud, así profetiza Isaías: «Saldrá un vástago del tronco de Jesé, y un retoño de sus raíces brotará. Reposará sobre él el espíritu de Yahveh: espíritu de sabiduría e inteligencia, espíritu de consejo y fortaleza, espíritu de ciencia y temor de Yahveh. Y le inspirará en el temor de Yahveh» (*Is* 11, 1-3). Que el don del Espíritu sea septiforme quiere decir que es pleno, Él es Don y en sus dones es espléndido (Secuencia al Espíritu Santo). El Espíritu es comunión, por eso, las rupturas del pecado son sanadas por la comunión que causa el Espíritu Santo. Con sus dones, nos une al Padre y nos identifica con el Hijo.

3. Vida manifiesta y vida oculta

Caminos ordinarios y extraordinarios de la gracia

San Josemaría cuenta: «un día, un amigo de buen corazón, pero que no tenía fe, me dijo, mientras señalaba un mapamundi: "mire, de norte a sur, y de este a oeste". ¿Qué quieres que mire?, le pregunté. Su respuesta fue: "el fracaso de Cristo. Tantos siglos, procurando meter en la vida de los hombres su doctrina, y vea los resultados". Me llené, en un primer momento, de tristeza: es un gran dolor, en efecto, considerar que son muchos los que aún no conocen al Señor y que, entre los que le conocen, son muchos también los que viven como si no lo conocieran. Pero esa sensa-

ción duró solo un instante, para dejar paso al amor y al agradeci-
miento, porque Jesús ha querido hacer a cada hombre cooperador libre de su obra redentora. No ha fracasado: su doctrina y su
vida están fecundando continuamente el mundo. La redención,
por Él realizada, es suficiente y sobreabundante. Dios no quiere
esclavos, sino hijos, y respeta nuestra libertad. La salvación conti-
núa y nosotros participamos en ella» (*Es Cristo que pasa*, n. 129).
Ante toda esta maravilla de la gracia, la pregunta inevitable es:
¿pero y aquellos que no conocen a Dios? ¿No alcanzarán su fin?
¿No llegarán a la comunión con Dios? Y lo contrario a la salvación
es la condenación... ¿Es así?

Voluntad salvífica universal y única mediación en Cristo

En primer lugar, ¿qué es lo que dice la Sagrada Escritura? Literalmente dice que Dios «quiere que **todos los hombres** se salven
y lleguen al conocimiento de la verdad» (*1 Tm* 2, 4). Todos los hombres: πάντας ἀνθρώπους (pantas *anthropous),* omnes homines, todos
los hombres. No hay otra traducción posible. La voluntad salvífica
de Dios es universal, alcanza a todos los hombres de todos los
tiempos. Esta **voluntad salvífica universal** de Dios no es un boni-
to deseo divino (al margen de que en Dios deseo y realidad *sean* lo
mismo), sino que ha sido realizada por Él mismo. Como ha quedado ya explicado, toda la historia de la salvación no tiene otro sentido que este: que en Cristo lleguemos todos a la Vida. «Dios desea
la salvación de todos los hombres; y a la vez Dios mismo es nuestro "salvador", es decir, en su actuación con nosotros se manifiesta como tal. La voluntad de salvación se puede considerar como la
clave de su actuación respecto del hombre; todo cuanto existe está incluido en este único plan de salvación (...). En concreto, la voluntad salvífica de Dios encuentra su expresión y su realización en
la obra salvadora y redentora llevada a cabo por el mediador único, el hombre Cristo Jesús, que se ha entregado en rescate por todos» (Ladaria). Cristo ha muerto por todos y a todos alcanza su
salvación.

La otra cara de la moneda de la voluntad salvífica universal y su realización en Cristo es su **mediación universal y única**: solo en **Cristo,** todo hombre y cada hombre puede alcanzar y alcanza la salvación. «Pues no hay más que un solo Dios y un solo mediador entre Dios y los hombres, el hombre Cristo Jesús, que se entregó a sí mismo en rescate por todos» (*1 Tm* 2, 5-6). «La significación de Cristo es universal», esto es, he sido creado en Cristo, llamado a ser plenamente en Cristo, justificado en Cristo y seré en Él glorificado (cfr. *Col* 1, 15-20). No hay nada de mi vida que quede al margen de Él, no hay gracia para mí que no venga mediada por Él y no hay hombre que quede al margen de Él, no hay hombre al que la oferta de la gracia no alcance. La finalidad de la salvación abraza a todo y a todos: es la recapitulación de todo en Cristo. Dice san Pablo que [el Padre en Cristo] «nos dio a conocer el misterio de su voluntad, según el benévolo designio que se había propuesto realizar mediante él y llevarlo a cabo en la plenitud de los tiempos: recapitular en Cristo todas las cosas, las de los cielos y las de la tierra» (*Ef* 1, 9-10).

Ahora bien, el cómo compaginar estas dos verdades: que Dios quiere que todos se salven y que solo en Cristo se halla la salvación, ha llevado a que, en algún momento de la historia, una u otra verdad se haya puesto en entredicho. Por un lado, la teoría de la doble predestinación (en el siglo V con Lúcido, en el VIII con Godescaldo y en el XVI con Zwinglio y Calvino) niega la voluntad salvífica universal, pues no entiende de qué modo puede ser armonizada con la eficacia de la Redención obrada por Cristo. Por otro lado, algunas teorías modernas afirman que necesariamente todos se salvan, negando de hecho la responsabilidad en las decisiones y actuaciones humanas libres e interpretando inadecuadamente la mediación única de Cristo.

1. ¿Existe una doble predestinación, una a la salvación y otra a la condenación? Ciertamente, la Sagrada Escrita habla de la condenación como posibilidad del destino último del hombre (cfr. *Mt* 25, 1-46). Pero no lo hace del mismo modo que como habla de la

predestinación del hombre a la salvación. En el punto 1 del capítulo anterior estudiamos cómo la Sagrada Escritura reitera la idea de la predestinación del hombre en Cristo *desde la eternidad*. Cuando Cristo habla de la condena, nunca lo hace en su referencia *al principio,* en cambio, sí habla en esos términos cuando se refiere a la salvación: «Entonces dirá el Rey a los que estén a su derecha: "Venid, benditos de mi Padre, tomad posesión del Reino preparado para vosotros desde la creación del mundo"» (*Mt* 25, 34). No hay dos destinos eternos, no es cierto que para unos su destino desde el principio sea la salvación y para otros, la condenación. Hay una sola predestinación a la salvación y existe la posibilidad de la condenación, pero no como hado o *fatum,* sino como libérrima elección de rechazar mi destino a la salvación. La Iglesia condenó la predestinación a la condenación todas y cada una de las veces que se planteó (II Concilio de Arlés en el 473; II Concilio de Orange en el 529; Sínodo de Quierzy del 853; Sínodo de Valence del 855; Concilio de Trento).

Por otro lado, la afirmación de la voluntad salvífica universal no niega la eficacia universal de la obra salvadora de Cristo. Como decía san Josemaría en el texto más arriba citado, Dios no ha fracasado, y la redención, por Él realizada, es suficiente y sobreabundante. En el fondo, este es el mismo problema que se planteaba entre libertad y gracia. Cristo ha muerto por todos y a todos alcanza la salvación *mediada* nuestra libertad: «Jesús ha querido hacer a cada hombre cooperador libre de su obra redentora» (San Josemaría, Ídem). Es más que conocida la frase de Agustín: «Dios que te creó sin ti, no te salvará sin ti» (*Sermo CLXIX*, 13).

2. La otra tentación es la de considerar que, puesto que Dios quiere que todos los hombres se salven y la eficacia de la redención es total, no hay en realidad posibilidad de condena. La realidad del infierno existe, Cristo habla de ello –y no pocas veces–, pero la duda sobre ella no se ha planteado tanto en la negación teórica directa de la misma –puesto que el testimonio escriturístico es claro–, sino en la aplicación de alguna doctrina cristológica. A

Karl Barth, calvinista suizo del s. XX, debemos «el haber replanteado en los tiempos modernos esta cuestión (...) reconduciéndola al fundamento cristológico del que en parte se había alejado» (Ladaria). Por desgracia, su planteamiento lleva a una conclusión que se aleja de la verdad revelada. «Por la vinculación íntima que para Karl Barth se da entre Cristo y el hombre, el pecado acaba por convertirse en una "imposibilidad ontológica"; si es posible representar el papel del pecador, del hombre reprobado por Dios, es imposible *ser* tal hombre» (Ídem). Por su concepción de la salvación y mediación universal de Cristo, Karl Barth niega la libertad humana, la posibilidad y la realidad del pecado. Barth «enseña que Cristo es el único Dios que elige, pero Cristo es elegido por Dios Padre; Jesucristo es también el único hombre elegido (el hombre preexistencial). Pero como todos son elegidos en él, después de la muerte de Cristo ya no puede perderse ningún hombre. Cristo es el único réprobo, y los réprobos pasan ahora a la luz de la elección de Cristo» (A. Johann).

¿Cómo entender, efectivamente, que Dios quiere que todo el mundo se salve, aunque parezca que de hecho no todos lo hagan? ¿Es acaso ineficaz la Cruz de Cristo, es decir, no alcanza a todos?

Caminos ordinarios de la gracia y caminos extraordinarios

La redención es suficiente y sobreabundante y todos tenemos, de un modo u otro, la posibilidad real de alcanzar y acoger la gracia de Cristo. De un modo ordinario, la gracia de Cristo nos llega por mediación de su Iglesia «instrumento universal de salvación» y a través de los sacramentos. Los cauces ordinarios de la gracia son estos, aquellos que Dios ha previsto como signos eficaces de la gracia, medios a través de los cuales la gracia se nos otorga de un modo objetivo, *ex opere operato*, en virtud del sacramento mismo (por obra de lo obrado) y que acogemos en función de nuestras disposiciones, *ex opere operantis* (por acción de quien actúa). La maravilla de las gracias sacramentales reside en eso: en que son **sacramentales.** Esto es, a través de la materia (que es algo claro y objetivo) tenemos la seguridad de que Dios se nos entrega, de que nos otorga su gracia. Pero la acción de la gracia no «se limita» a los cauces ordinarios.

Como dice el Concilio Vaticano II, la gracia obra de modo invisible en el corazón de los hombres de buena voluntad. «Cristo murió por todos, y la vocación suprema del hombre en realidad es una sola, es decir, la divina. En consecuencia, debemos creer que el Espíritu Santo ofrece a todos la posibilidad de que, *en la forma de solo Dios conocida*, se asocien a este misterio pascual» (*GS* 22, 5). Estos caminos extraordinarios son siempre caminos cristológicos, es decir, de un modo misterioso e invisible (fuera de los cauces de la Iglesia y los sacramentos), el Espíritu Santo puede asociar a una persona al misterio Pascual, uniéndola a Cristo y, por tanto, posibilitando que la gracia de Cristo obre en él. El Espíritu Santo, que «sopla donde quiere» (*Jn* 3, 8), puede actuar de modos y por caminos que nos son desconocidos porque se hallan en lo más íntimo del corazón de cada hombre. Si nos es del todo imposible conocer nuestro «grado» de gracia, el estado de nuestra alma, mucho menos tenemos acceso a la actuación intimísima de Dios en otra persona.

Por otro lado, los dones de Dios son infinitos y variadísimos, y su actuación es inabarcable e incomprensible tantas veces. Sería absurdo reducir el obrar de Dios a lo que yo puedo ver. Los caminos ordinarios nos dan la certeza de la actuación de Dios, podemos estar seguros de que su gracia se concede a manos llenas a través de los sacramentos y esta seguridad es otro gran don de Dios. Pero no podemos reducir su acción a esos cauces, el obrar de Dios nos supera y excede.

Esos caminos extraordinarios, tradicionalmente, se han identificado con tres: el bautismo de deseo, los distintos grados de pertenencia a la Iglesia y la buena voluntad como signo de gracia:

1. El bautismo de deseo no se limita a aquellos catecúmenos que se preparan a recibir el bautismo, sino que, como dice el Catecismo: «Todo hombre que, ignorando el Evangelio de

Cristo y su Iglesia, busca la verdad y hace la voluntad de Dios según él la conoce, puede ser salvado. Se puede suponer que semejantes *personas habrían deseado explícitamente el Bautismo si hubiesen conocido su necesidad*» (n. 1260).

2. Dice el Concilio Vaticano II que «la Iglesia se reconoce unida por muchas razones con quienes, estando bautizados, se honran con el nombre de cristianos, pero no profesan la fe en su totalidad o no guardan la unidad de comunión bajo el sucesor de Pedro (...). Él ejerce en ellos su virtud santificadora con los dones y gracias y a algunos de entre ellos los fortaleció hasta la efusión de la sangre» (*Lumen Gentium*, n. 15, en adelante *LG*).

3. Y en el punto siguiente: «ni el mismo Dios está lejos de otros que buscan en sombras e imágenes al Dios desconocido, puesto que todos reciben de Él la vida, la inspiración y todas las cosas (cfr. *Hch* 17, 25-28), y el Salvador quiere que todos los hombres se salven (cfr. *1 Tm* 2, 4). Pues quienes, ignorando sin culpa el Evangelio de Cristo y su Iglesia, buscan, no obstante, a Dios con un corazón sincero y se esfuerzan, bajo el influjo de la gracia, en cumplir con obras su voluntad, conocida mediante el juicio de la conciencia, pueden conseguir la salvación eterna. Y la divina Providencia tampoco niega los auxilios necesarios para la salvación a quienes sin culpa no han llegado todavía a un conocimiento expreso de Dios y se esfuerzan en llevar una vida recta, no sin la gracia de Dios. Cuanto hay de bueno y verdadero entre ellos, la Iglesia lo juzga como una preparación del Evangelio y otorgado por quien ilumina a todos los hombres para que al fin tengan la vida» (*LG* 16).

Pero dentro de ellos –o fuera de ellos, por qué no– *caben* todo tipo de actuaciones de la gracia escondidas y maravillosas. Como dice Juan Pablo II en la Encíclica *Redemptoris misio:* «Si es destinada a todos, la salvación ha de estar a disposición de todos» (n. 10). Creo que este argumento no puede ser más claro y contundente. De lo contrario, si pensásemos que la salvación solo está a disposición de aquellos que, efectivamente, están dentro de los límites visibles de la Iglesia, ya podríamos predicar la voluntad salvífica universal de Dios, sin embargo, *de facto*, reduciríamos la vocación universal a la santidad a unos pocos, limitando la eficacia y suficiencia del sacrificio de Cristo a esos mismos. Si Cristo ha muerto por todos, todos, de un modo u otro –la mayor de las veces, desconocidos– han de tener la posibilidad real de salvarse, esto es, a todos, de un modo u otro, ha de alcanzar la gracia de Cristo.

Quizá nos sirva interpretar la parábola de los talentos en este sentido. Todos recibimos equis talentos, que son como las gracias que nos entrega el Señor y representan la oportunidad y posibilidad que se me da de llegar a Él. Cada uno los suyos, cada uno distintos. El hacerlos fructificar no es otra cosa que su aceptación y acogida en el ejercicio de mi libertad. «Regresó el amo de dichos servidores e hizo cuentas con ellos», es decir, ¿has acogido libremente la gracia que te he concedido? Unos sí la hicieron fructificar en su alma y a ellos el Señor les responde: «Muy bien, siervo bueno y fiel; como has sido fiel en lo poco, yo te confiaré lo mucho: entra en la alegría de tu señor». Pero aquel otro que tuvo miedo y escondió el talento –no acogió el amor de Dios, la gracia, porque no confiaba en que Dios fuera Amor– «su amo le respondió: "Siervo malo y perezoso, sabías que cosecho donde no he sembrado y que recojo donde no he esparcido; por eso mismo debías haber dado tu dinero a los banqueros, y así, al venir yo, hubiera recibido lo mío con los intereses. Por lo tanto, quitadle el talento y dádselo al que tiene los diez». La gracia que nos concede es Él mismo, lo que tenemos lo hemos recibido de Él. Si la tengo, es porque la he acogido («porque a todo el que tiene se le dará y tendrá en abundancia»), la gracia me hace capaz de Él, entonces Él se me dará en abundancia. Si no la acojo, me hago incapaz de Él, Él no se me podrá dar (*pero al que no tiene incluso lo que tiene se le quitará*). En cualquier caso, el acoger las gracias está al alcance de cualquier bolsillo.